UNFOLDED

PAPIER IN DESIGN, KUNST, ARCHITEKTUR UND INDUSTRIE

UN FOLDED

PAPIER IN DESIGN, KUNST, ARCHITEKTUR UND INDUSTRIE

PETRA SCHMIDT UND NICOLA STATTMANN

BIRKHÄUSER

Basel

PROJEKTE

MATERIALIEN UND TECHNOLOGIEN

EINLEITUNG

WIE SICH PAPIER ENTFALTET
Petra Schmidt und Nicola Stattmann

Das Papier hat es uns nicht immer leicht gemacht. Eng mit der schulischen Erfahrung verwoben, war der Beginn unserer Liaison häufig gestört. Da gab es Hausaufgabenhefte, Zeugnishefte und Diktathefte: Die Kladde war nichts anderes als der gebundene Leistungsnachweis. Ganz anders ging es mit dem neuen, noch unberührten Heft. Es ließ uns träumen. Das erste Blatt noch unbeschrieben, unbemalt und jungfräulich. Die Reinheit des neuen Materials beflügelte und ließ uns alte Fehler und schlechte Noten vergessen. Wer mochte sich mit der Realität beschäftigen, im Angesicht eines neuen, unbefleckten Blattes. In diesem kurzen Moment fühlten wir uns wie Musterschüler. Unangefochten, genial, fehlerfrei.

Aber nicht jeder Neuanfang ist einfach. In Anbetracht eines leeren Blatts, verspüren viele noch Jahre später eine Leere und Weite, die sie hemmt. Die so genannte Schreibblockade ist die Ladehemmung, die aus zu viel Freiheit resultiert. Es ist die Angst zu scheitern, ausgelöst durch ein schlichtes Papier, oder vielleicht auch durch einen leeren Bildschirm, dem leeren Blatt unserer Tage. Aber was fordert uns so heraus an einem Bogen Papier? Es muss wohl die Angst davor sein, sich festzulegen. Auf Papier wird unser Können manifest. Armut an Fakten, Geschwätzigkeit, oder gar Talent: Hier wird es sichtbar. Denn auf Papier lassen sich Unzulänglichkeiten nur schwer verbergen. Wer schreibt hält etwas fest, manchmal für die Ewigkeit, manchmal nur für einen Moment.

Seit Johannes Gutenberg 1436 den Druck mit beweglichen Lettern erfand, hat die unaufhaltsame Karriere des Materials als Teil medialer Vermittlung begonnen. Das schlichte Papier, das wesentlich kostengünstiger zu produzieren war als das damals übliche Pergament, war ideal für die massenhafte Verbreitung durch die Druckerpresse und durch die sich kurz darauf gründenden Verlage. Schnell ging die Entwicklung weiter. Und tatsächlich war die Schule an der massenhaften Verbreitung des Papiers maßgeblich beteiligt. Denn die Einführung der Schulpflicht stellt einen weiteren, dramatischen Wendepunkt in der Geschichte des Materials dar. Sie kam einer Revolution gleich und führte zu massenhafter Nachfrage nach Büchern, Zeitungen, Zeitschriften, Groschenromanen und Comics.

Als Autorinnen des Buches »Unfolded« haben wir eine ganz eigene Perspektive auf das Papier entwickelt. Es interessiert uns nicht als Träger eines kulturellen Erbes, oder gar als Mittel der Massenkommunikation. Vielmehr sind wir seinem besonderen Reiz und seinen Möglichkeiten für das dreidimensionale Gestalten erlegen. Wir sehen Papier als plastischen Werkstoff, auch der Titel »Unfolded« soll auf das räumliche Gestalten mit Papier hinweisen. Das vorliegende Buch beschäftigt sich mit Räumen, Gebäuden, Kleidungsstücken, Objekten, Skulpturen und Fotografien, die sich mit Papier oder auch einem papierähnlichen Material auseinandersetzen. Papier ist als Werkstoff wertvoll, da es einfach herzustellen ist und zahlreiche Möglichkeiten bietet. Man kann es schöpfen, formen, falten, schneiden und prägen, um zu neuen Formen zu gelangen.

Doch bisher galten Papier oder auch Pappe als einfach und unedel, als ephemer und fragil. Materialien, denen man nichts zutraute, bestenfalls zur Verpackung und zur Hygiene geeignet. Klopapier, Eierkartons und Pappkisten zeugen davon. Papier und insbesondere Pappe gelten als Wegwerfmaterialien oder bestenfalls Ersatzstoffe, von denen man sich nach Gebrauch gerne trennt. So wurden in den Sechzigerjahren Partykleider beliebt, die mit bunten Mustern oder mit Polit- und Werbeslogans bedruckt wurden und die nach dem großen Auftritt einfach in der Mülltonne verschwanden. Noch heute kennen wir Tischdecken, Servietten und Geschirr aus Papier, die man einfach nach Gebrauch wegwirft, um Zeit für das Spülen, Waschen und Bügeln zu sparen.

Unser Buch »Unfolded« soll zeigen, wie Designer, Künstler, Architekten, Hersteller und Materialwissenschaftler mit dem stets verkannten Werkstoff umgehen, und welche Wertschätzung sie ihm entgegen bringen. So hat etwa der britische Designer Sam Hecht dem Pappbecher ein neues Aussehen verliehen, indem er die übliche, weiße Pappe durch Transparentpapier ersetzte. Eine einfache Idee. Aber würde dieser Entwurf produziert, könnte man auf sehr viel angenehmere Weise sein Getränk zu sich nehmen. Außerdem könnte auf kostbares Rohöl, das bekanntlich zur Herstellung von Kunststoff benötigt wird, verzichtet werden.

Aber auch Produktdesigner schätzen das Material erst seit ein paar Jahren. Wenn man von den Akari-Leuchten des Bildhauers Isamu Noguchi und den wenigen Pappmöbeln, etwa von Peter Raacke oder Frank Gehry, und auch dem Papier-

schirm von Ferdinand Kramer absieht, verwendeten die meisten Designer Papier als Modellbaumaterial. Denn Papier ist nicht nur leicht zu bearbeiten, es bietet auch noch die ausreichende Festigkeit für ein Modell, und anders als beim virtuellen Modellbau am Computer bleiben Spuren sichtbar. Diese Eigenschaften begründen auch heute noch den besonderen Stellenwert der Pappe für den Modellbau. Ohne große Mühen lassen sich Aufbauten verkleinern, oder vergrößern. Man kann Teile abtrennen oder neue anfügen. Kaum ein großer Architekt, der nicht schon Pappmodelle aus Karton geklebt hätte. Schon Josef Albers ließ im Vorkurs am Bauhaus seine Studenten Modelle aus Karton bauen. Dabei legte er größten Wert auf die »Ökonomie der Mittel«. Auch wenn nur Pappe oder Zeitungspapier verwendet wurde, nichts sollte verschwendet werden.

Sehr viel freizügiger entwarf Frank Gehry mit dem einfachen und derben Werkstoff Pappe. Er verwendete Pappe nicht nur für seine Architekturmodelle, sondern auch für Möbel. Seine Entwürfe der Kartonmöbelserie »Easy Edges« (1969–1972) zeugen von einem verschwenderischen Umgang mit dem Material: »Das Schöne daran ist, dass man einfach ein Stück abreißt, und wegwirft, wenn man es nicht mag«, erklärte er lakonisch zu seinen berühmten Möbelklassikern. Und so verarbeitete er etwa für seinen »Wiggle Side Chair« große Mengen von Wellpappe zu einer geschwungenen, mäandernden Sitzskulptur. Auch wenn Gehry mit seinen Pappmöbeln, die damals bei Bloomingdales gezeigt wurden, schon früh Erfolg hatte, stoppte er schließlich das Projekt. Er wollte nicht als Möbeldesigner bekannt werden, sondern als Architekt. Wahrscheinlich misstraute der berühmte Gestalter dem Material genauso wie der Profession des Designers. Er wollte wohl etwas »Bleibendes« konstruieren, beziehungsweise mit »dauerhaften« Materialien bekannt werden, selbst wenn es, wie so häufig bei seinen Gebäuden, nur Wellblech war.

Aber der Ersatz Papier hat auch seinen Reiz. Ganz bewusst und mit großer Lust an der Inszenierung spielt der dänische Künstler Tommy Støckel mit der Bedeutung des Papiers als Surrogat. Er kreiert ganze Welten aus Papier, Schaum und Dekorationselementen, die so unecht wie ein Bühnenbild wirken. Støckel schätzt die Kunst als Technik zur Nachahmung, schließlich hat dieses Dogma die Kunstgeschichte über 2.000 Jahre beherrscht. Erst in der Moderne haben sich

VORKURS BEI JOSEF ALBERS 1926

Bauhaus Dessau

/1 Pappmodell von Walter Tralau, Konstruktion
    und Stabilität
    Courtesy Josef and Anni Albers Foundation
    © 2010, ProLitteris, Zürich

/2 Besprechung der Entwürfe
    Courtesy Galerie Kicken, Berlin

/3 PETER RAACKES SESSEL OTTO 1968

    Industriell gefertigter Sessel aus Wellpappe
    50 × 74 × 65 cm

    AKARI VON ISAMU NOGUCHI 1960

/4 Drei Akari Leuchten
    © vitra

/5 Isamu Noguchi in seinem Studio auf Long Island
    Courtesy The Noguchi Foundation, New York

Künstler von der Mimesis befreit, um eigene, »ungegenständliche« Welten zu konstruieren. Støckel ist immer noch fasziniert von der Re-Konstruktion der Natur und Architektur. In seinen phantastischen Inszenierungen verbindet sich die Kunst der Trompe-l'œil-Malerei mit den perfekten Scheinwelten moderner Computerspiele zu einem Szenario aus Kitsch und Dekoration, in dem nichts echt oder gar ernst wirken darf.

Noch konsequenter geht der Künstler Thomas Demand vor. Seine Papierwelten sind der Realität zum Verwechseln ähnlich, nur betreten kann man sie nicht. Denn sie entstehen nur für die Fotoaufnahmen in seinem Atelier. Aber auch bei ihm ist das Papier wenig vertrauenswürdig Er rekonstruiert nicht die Kunstgeschichte, sondern die suggestiven Bilder und Geschichten der Medien, um sie als Konstruktionen der Wirklichkeit zu entlarven. So verweist seine Arbeit »Klause« auf einen Aufsehen erregenden Verdachtsfall von Kindesmissbrauch, der in der Saarbrücker »Tosa-Klause« stattgefunden haben soll. Es gab damals spektakuläre und abstoßende Geständnisse der mutmaßlichen Täter, die ein Kind wahrscheinlich schwer misshandelt und getötet hatten. Allerdings wurde die Leiche nie gefunden. Schließlich widerriefen die Angeklagten ihre Aussagen und kamen frei. Ein spektakulärer Fall für die Medien. In Ermangelung anderer Bilder zeigten Zeitungen und Zeitschriften das Haus und Räumlichkeiten der trostlosen Gaststätte in ihrer pausenlosen Berichterstattung. Da die Räume schon vier Monate nach der möglichen Tat umgebaut und neu vermietet wurden, rekonstruierte die Polizei die Gaststätte, und in einem weiteren Schritt baute auch Demand seine Variante der Gaststätte aus Papier. Demands Zyklus »Klause« stellt ein doppelbödiges Verwirrspiel aus Rekonstruktionen und Mutmaßungen dar, das Beklommenheit auslöst. Hinter der in makellosem und »unbeflecktem« Buntpapier erstellten Fassade und unter den bunten Luftschlangen ist wohl ein Verbrechen geschehen.

Seit ein paar Jahren arbeiten insbesondere Designer an der Rehabilitation des Materials. Aus dem Ersatzstoff soll ein Baustoff werden. Das billige, unwürdige Papier steht plötzlich im Zentrum der Überlegungen. Galt es jahrelang als ein Nichts unter den Materialien, spielen Gestalter jetzt mit den Konnotationen des Ephemeren, der zarten und verletzlichen Oberfläche und verleihen dem Material durch geschickte

Konstruktion die nötige Festigkeit wie etwa das Architektenteam Ball-Norgues, dessen mächtige Papierwellen betreten und erkundet werden können. Auch die seit Jahrhunderten bekannte Origami-Technik wurde weiter entwickelt. Der Amerikaner Robert J. Lang hat diese asiatische Tradition mit Hilfe seines eigens entwickelten Computerprogramms »Treemaker« so präzisiert, dass er auch ohne Schere und Klebstoff feine Insekten inklusive der Fühler und Füße aus einem Stück Papier falten kann. Sein Wissen wendet er vielfältig an, und produziert auch Faltmuster für Auto-Airbags. Es ist diese Mischung aus Experiment und Alltagstauglichkeit, die am Papier fasziniert, insbesondere, wenn es um Recycling geht, wie etwa beim Cabbage Chair des japanischen Gestalters Nendo. Sein Stuhl in Form einer Kaskade aus alten Plissee-Papieren entstand auf Anregung des Modedesigners Issey Miyake. Dieser wollte nicht länger hinnehmen, dass bei der Herstellung, der von ihm gerne verwendeten Plisseestoffe Unmengen von harzgetränktem Papier auf dem Müll landen.

Papier ist ein Material, von dem wir in den nächsten Jahren noch einiges zu erwarten haben. Insbesondere, wenn es um die Verbesserung der Materialqualität selbst geht. Das letzte Kapitel des Buches präsentiert spektakuläre neue und althergebrachte Materialien wie etwa Washi in einem Kompendium. Hier gibt es besonders widerstandsfähige Materialien, die entweder aus Papier weiterentwickelt wurden oder Synthetikmaterialien darstellen, die über papierähnliche Eigenschaften verfügen. Hier findet man die starken Seiten des Materials. Reißfeste, feuerresistente und wasserabweisende Varianten werden dem Papier hoffentlich schon bald eine neue Welt eröffnen. Unser Buch ist erst der Anfang.

PROJEKTE

NORIKO AMBE

/1 **A Thousand of Self** 2007

Schnitte in das Buch »1000 on 42nd Street«
von Neil Selkirk
23,2×37,5×1,6cm
Courtesy Pierogi Gallery

/2 **A Piece of Flat Globe Vol. 4** 2008

Schnitte in synthetisches Papier (Yupo)
15,2×22×15,5cm

In aufwendiger Handarbeit schneidet Noriko
Ambe mit einem Messer durch zahlreiche
Papierschichten und lässt so präzise ausge-
arbeitete Landschaften entstehen. Sie arbeitet oft mit vorgefundenen Alltagsobjekten
wie Büchern, Atlanten und Enzyklopädien
oder baut ihre Arbeiten aus unzähligen Ein-
zelblättern auf.

Noriko Ambes Arbeiten sind paradox, denn
sie erscheinen sowohl filigran als auch bru-
tal. Schon der Prozess des Zerschneidens an
sich hat etwas Gewaltsames. So hat sie in
»A Thousand of Self« ein Buch mit Porträts
so zerfurcht, dass diese eine beängstigende
und faszinierende Tiefe gewinnen.

Die Skulptur »A Piece of Flat Globe« besteht
aus hunderten von weißen Bögen, die
Ambe präzise geschnitten und übereinander-
geschichtet hat. Sie lässt auf diese Weise
zerklüftete Schluchten entstehen, die an
Grotten oder Mondlandschaften erinnern.
Hierzu verwendete sie das lichtdurchlässige
Material Yupo, das kein Papier im eigent-
lichen Sinne darstellt, sondern vielmehr eine
Chemiefaser mit papierähnlicher Haptik.

ATELIER OÏ

Tome 2005
Leuchte aus Papier, Karton und Leinwand

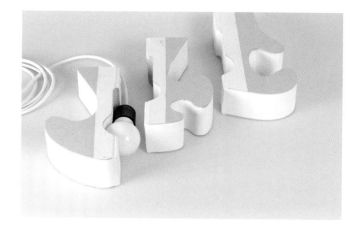

Auf den ersten Blick scheint »Tome« wie
ein normales Buch mit einer ungewöhnlich
geschwungenen Kante. Doch sobald man
das Buch öffnet und die Seiten auffächert,
beginnt die Metamorphose zur Leuchte.
Die sechshundert Buchseiten erinnern an die
Lamellen eines Pilzes und reflektieren das
aus dem Inneren des Buches dringende Licht.

»Tome« ist ein im besten Sinne einfacher
Entwurf. Die Leuchte wird wie ein Buch
gebunden und im geschlossenen Zustand in
Form geschnitten. Das Projekt entstand,
als die drei Designer Armand Louis, Patrick
Reymond und Aurel Aebi von Atelier Oï
eine Publikation zu ihrer Arbeit beendet
hatten. Damals wollten sie sich auf spielerische Art und Weise weiter mit Papier
und Büchern beschäftigen. Die fertige Papier-
leuchte präsentierten die Designer erstmals im April 2005 auf der Möbelmesse in
Mailand.

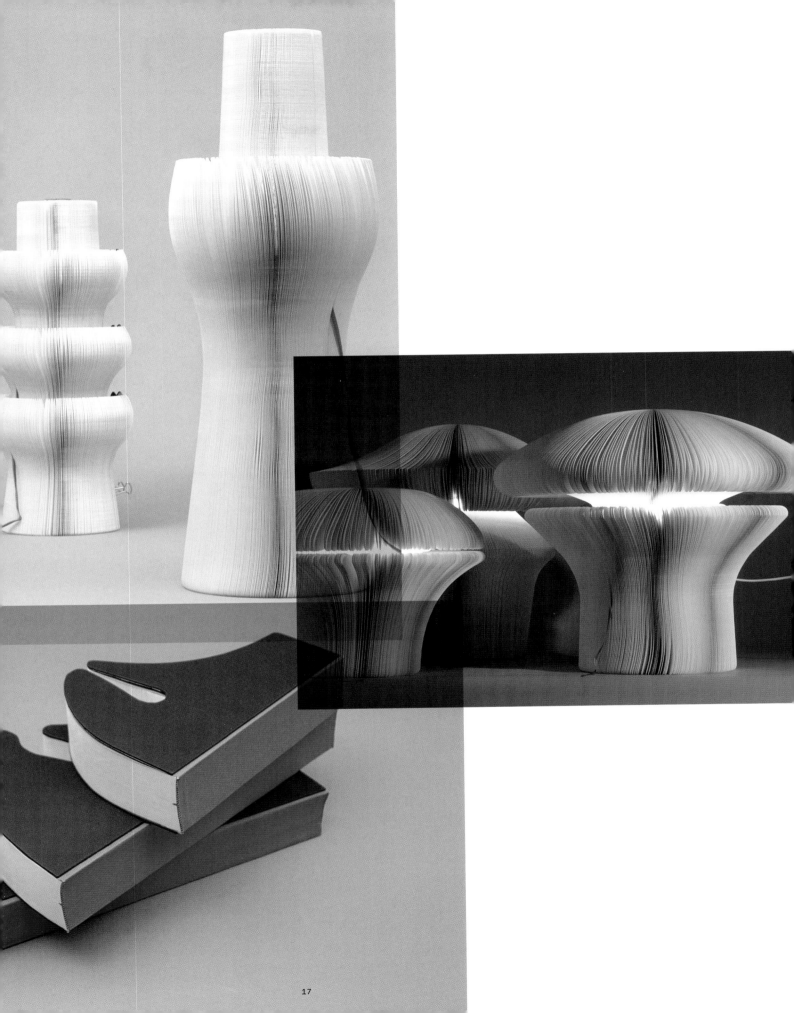

ATOPOS

Courtesy ATOPOS Collection, Athen

/1

Das Interesse für Papiermode der griechischen Kulturorganisation Atopos begann mit der Entdeckung amerikanischer Papierkleider aus den Sechzigerjahren. 1966 brachte die Scott Paper Company Wegwerfkleider aus Papier als Werbeartikel auf den amerikanischen Markt. Die Papierkleidchen aus Zellulose-, Baumwoll- und Synthesefasern trafen den Nerv der damals aufkommenden Wegwerfgesellschaft. Schnell entwickelte sich ein Markt für die Massenproduktion von Einweg-Kleidungs-stücken. Diese wurden mit den Motiven aus Pop-Art und Op-Art verziert, mit psyche-lischen Mustern versehen oder als Werbe-artikel für Firmen oder gar Präsidentschafts-kandidaten verwendet. Genauso schnell wie dieser Trend entstand, ebbte er jedoch zwei Jahre später mit dem Erwachen des ökologi-schen Bewusstseins schon wieder ab.

Fasziniert von der Ästhetik der fragilen Kleidchen, sammelte Atopos mehr als vierhundert dieser Kleidungsstücke inklu-sive Hüte und Accessoires. Diese Basis entwickelte Atopos weiter zur Ausstellung »RRRIPP!! Paper Fashion«, einer umfas-senden Sammlung von Papierkleidern aus verschiedenen Kulturen und Epochen. Die Exponate reichen von japanischen Papier-kleidungsstücken des sechzehnten Jahr-hunderts bis hin zu aktuellen Modellen namhafter Designer wie Issey Miyake, John Galliano oder Raf Simons.

/5

/2

/6

/4

/3

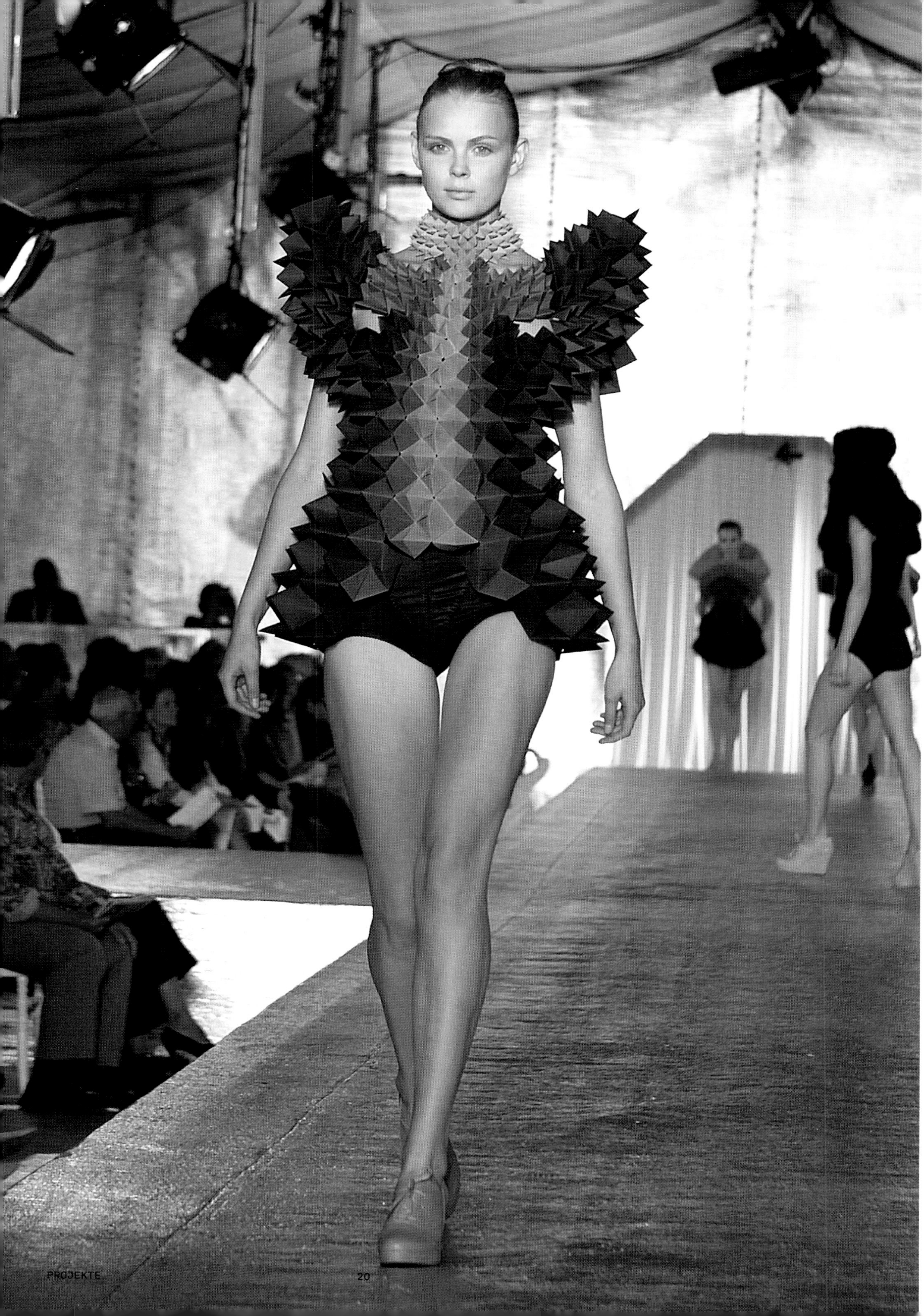

SANDRA BACKLUND

/1 **Ink Blot Test**   2007
Grauschwarzes Top aus Papierelementen
Ink Blot Test Collection

/2 **Blank Page**   2005
Elfenbeinfarbenes Minikleid
Blank Page Collection

Für Sandra Backlund steht die Handarbeit im Zentrum ihrer Arbeit. Sie verwendet sehr unterschiedliche Materialien und Techniken. Sie strickt, faltet, heftet und klebt. Daran liebt sie die Herausforderung, sich neue Verarbeitungstechniken Schritt für Schritt anzueignen, um damit zu experimentieren.

Bei ihrer Arbeit geht es Sandra Backlund nicht um funktionale und bequeme Kleidung, vielmehr ist sie davon fasziniert, die natürliche Form des Körpers zu verfremden. »Meine Entwürfe baue ich aus zahlreichen Elementen auf, die ich immer wieder neu zusammenfüge, bis ich die gewünschte Form erzielt habe. Meine Arbeitsweise hat nichts mehr mit der einer Schneiderin zu tun, sondern ähnelt vielmehr der einer Bildhauerin.«

Inspiriert vom Rorschach-Test, bei dem aus der Deutung von Tintenklecksbildern Rückschlüsse auf die Persönlichkeit gezogen werden, entstand die Arbeit »Ink Blot Test«. Das grau-schwarze Oberteil ist komplett aus Papier gefertigt und besteht aus ineinander verschränkten Faltelementen. Der schmetterlingsförmige Umriss des Kleidungsstücks erinnert in der Tat an die Faltbilder des berühmten Testverfahrens.

So ist das Kleid der »Blank Page Collection« mithilfe der Origami-Technik entstanden. Die besondere Festigkeit des Papiers verhilft dem Kleid zu einer sehr ausgeprägten Silhouette.

/2

BALL-NOGUES STUDIO

Rip Curl Canyon   2006
Installation in der Rice Gallery, Houston
Laminierte Wellpappe, Unterbau aus Sperrholz

Der »Rip Curl Canyon« ist ein mythischer Ort im Westen Amerikas, an dem Land und Wasser zusammenprallen. Die gleichnamige Installation, die das Gestalterduo Benjamin Ball und Gaston Nogues für die Rice Gallery in Houston entwarf, war ebenso spektakulär. Von ihrem höchsten Punkt fielen die Wellen steil hinab, um sich dann wie in einer Brandung aufzulösen. Der Betrachter konnte die Installation sogar selbst erklimmen, wobei jeder Schritt einen Abdruck auf der rohen Oberfläche hinterließ. Ball-Nogues' Version des »Rip Curl Canyon« ist das Resultat aufwendiger Planungen und Berechnungen. Die beiden haben die Eigenschaften der Wellpappe anhand von Modellen getestet. Aus den Einzelwerten entwickelten sie anschließend mithilfe einer digitalen Studie das komplexe und belastbare Modell. Um eine größere Tragfähigkeit zu erreichen, laminierten sie die Pappe auf einer Holzverschalung, wobei die unteren Schalungsteile auch als Stützpfeiler dienten.

Die Installation wurde nach der Ausstellung im Jahr 2006 vernichtet beziehungsweise als Altpapier recycelt. Sie bestand aus rund zwanzigtausend Einzelteilen.

SHIGERU BAN

→ siehe Materialien/Technologien #69

/1 **Paper Log House**   2001

Temporäre Gebäude für Erdbebenopfer in Bhuj, Indien
Pappröhren, Bambus, Schilfmatten, Kunststoffplane

/2 **Theatre Dome**   2003

Pappröhrenkonstruktion in Utrecht, Niederlande
ø 25m, h 10m
In Zusammenarbeit mit Mick Eekhout und Octatube BV

/3 **Japanischer Pavillon**   2000

Expo 2000 in Hannover, Deutschland
In Zusammenarbeit mit Frei Otto und Büro Happold

Shigeru Ban ist für den innovativen Einsatz von Papier und Pappe in der Architektur bekannt. Ban schätzt das preiswerte und ökologische Material, weil es sich recyceln lässt. Bekannt wurde Shigeru Ban mit seinen temporären »Log Houses«, welche er für Erdbebenopfer in Kobe, Japan, im türkischen Kaynasli und im indischen Bhuj entwarf. Die temporären Gebäude erinnern an traditionelle japanische Bambusgebäude, sind jedoch aus Pappröhren mit vier Millimeter Wandstärke entstanden. Wasserfeste Bänder zwischen den Röhren sorgen für die nötige Isolierung. Das Baumaterial für eine 52 Quadratmeter große Wohneinheit kostet weniger als 2.000 Dollar.

In Zusammenarbeit mit Frei Otto und dem Ingenieurbüro Happold gestaltete Shigeru Ban den japanischen Pavillon für die Expo Hannover 2000. Das Konzept des Pavillons basierte auf einer temporären Struktur, die möglichst wenige Bauabfälle verursachen sollte. Die 72 Meter lange Gitternetzstruktur aus Pappröhren war mit einer wasserfesten Membran bespannt. Die Pappröhren wurden mit Metallklebeband verbunden, Holzstützen verliehen der Konstruktion zusätzliche Stabilität. Der Pavillon zur Expo gilt als einer der großen Meilensteine in der Papierarchitektur.

/1

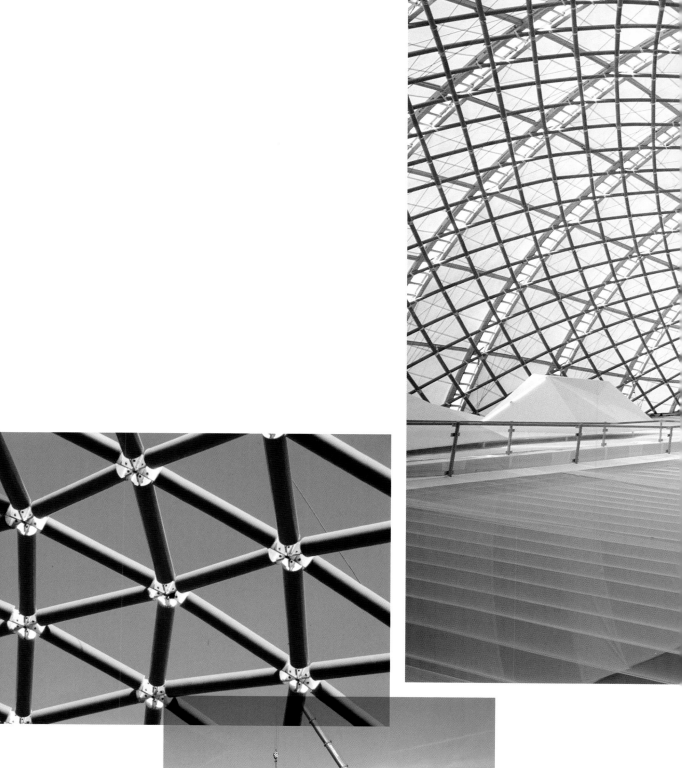

/2

/2

SHIGERU BAN
&
ARTEK

→ siehe Materialien/Technologien #67

The Space of Silence   2007

Artek-Pavilion auf dem Gelände
der Triennale, Mailand
Möbelmesse Mailand, 2007
Kooperation mit den finnischen
Firmen UPM und Artek

Auf der Möbelmesse in Mailand präsentierte
der finnische Möbelhersteller Artek 2007
einen ungewöhnlichen und Aufsehen erregenden Ausstellungspavillon mit dem Titel
»The Space of Silence«. Bei dem schlichten,
hellgrauen Gebäude handelte es sich um ein
richtungweisendes ökologisches Bauwerk,
das der japanische Architekt Shigeru Ban
weitgehend aus Abfällen der Papierindustrie
gestaltete. Als Rohmaterial für Tragwerk
und Beplankung dienten ihm extrudierte
Profile, die hauptsächlich aus Papierresten
produziert wurden, die bei dem finnischen
Papierunternehmen UPM in der Fertigung
für Selbstklebe-Etiketten anfielen. Das
im Wesentlichen aus diesem wiederverwer-
teten Material gefertigte Holz-Kunststoff-
Komposit hat sich als so widerstandsfähig
und feuchtigkeitsbeständig erwiesen,
dass auch die Bodenbeläge ProFi Deck von
UPM daraus gefertigt werden.

Nach dem Mailänder Event stand der Pavillon
einige Zeit in Helsinki neben dem Design
Museum und wurde 2007 erneut auf der amerikanischen Ausgabe der Messe Design Miami
gezeigt. Bereits ein halbes Jahr später fand
das Gebäude einen neuen Besitzer. Es wurde
für über 600.000 Dollar im New Yorker
Auktionshaus Sotheby's unter dem Titel
»Important 20th Century Design« versteigert.
Offensichtlich geht der neue Besitzer, die
New Yorker Galerie Sebastian + Barquet,
davon aus, dass das Gebäude als Design-
Klassiker noch weiter im Wert steigen wird.

MICHAEL BEUTLER

Portikus Castle   2007

Blumeneinschlagpapier,
Estrichgitter, Drilldrähte
800 × 1100 × 600 cm
Portikus, Frankfurt am Main
Installationsansicht

Michael Beutler gilt als ruheloser Nomade, dem es gelungen ist, neue Maßstäbe in der ortsspezifischen Kunst zu setzen. Denn für seine Installationen und Skulpturen sind die architektonischen Gegebenheiten der Ausstellungsräume so entscheidend, dass sie vollständig vor Ort entstehen. Dabei sind seine Installationen äußerst prosaisch, denn er verwendet lediglich einfache Materialien aus dem Baumarkt, wie etwa Folien, Pappe oder Klebestreifen.

Für seine Installation »Portikus Castle« in der Frankfurter Kunstinstitution Portikus nutzt Beutler die volle Höhe des Raumes, dessen Volumen an einen engen und hohen Getreidespeicher erinnert. Aus Metallgittern, wie man sie normalerweise für Bodenunterkonstruktionen verwendet, entwickelte er ein Gerüst, das er mit bunten und nassfesten Blumeneinschlagpapieren ummantelte. Durch das von oben einfallende Licht entstand schließlich der Eindruck, von sehr leichten und luftigen Kirchenfenstern umgeben zu sein. Diese »Kathedrale aus Buntpapier« war jedoch das Resultat eines sehr unpathetischen Handwerksprozesses, wie Beutler selbst erklärt: »Der wichtigste Schritt war, dass ich irgendwann begonnen habe, die Matten mit den Füßen zu bearbeiten. Dadurch wird die Oberfläche insgesamt homogener, denn wenn noch was beim Aufbau reißt, was bei dem Material ja unvermeidlich ist, stört es nicht. Vor allem aber kommt das Licht von außen durch die kleinen Löcher hinein.«

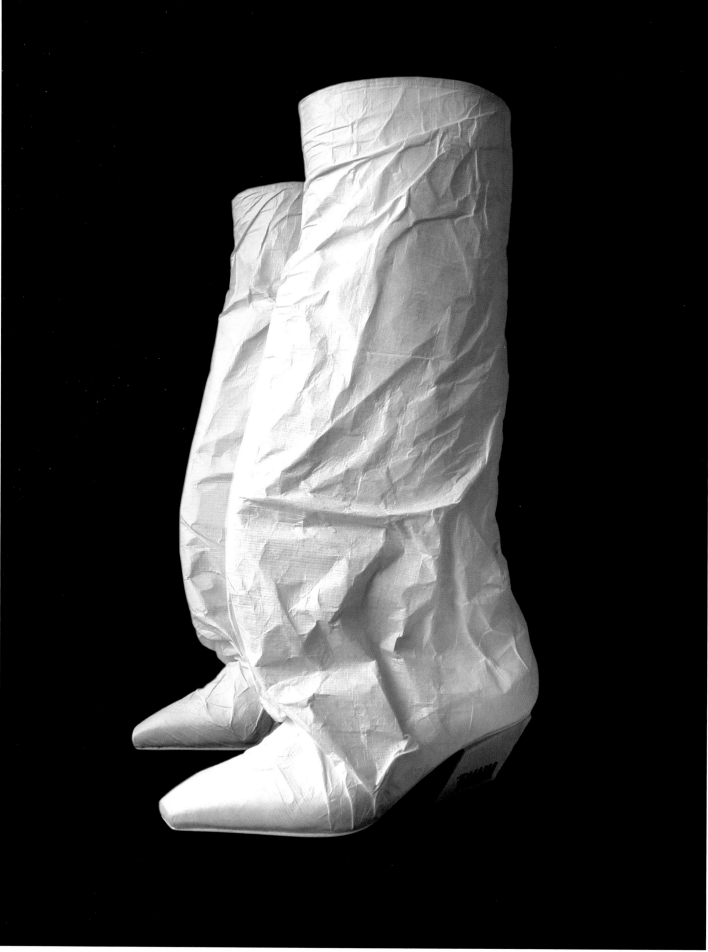

MARLOES TEN BHÖMER

→ siehe Materialien/Technologien #45

/1 <u>Tyvekboots</u>   2002
Stiefel
Tyvek, Leder und Edelstahl

/2 <u>Paperfoldedshoe</u>   2006
Schuhschnitt, aus nur einem Papierbogen
Studie

Marloes ten Bhömer ignoriert die Konventionen der traditionellen Schuhherstellung.
Sie adaptiert Formen, Materialien sowie
auch Herstellungstechniken aus anderen
Designbereichen und bricht so mit dem
gewohnten Bild von Schuhen und Mode-
accessoires. Marloes ten Bhömer arbeitet
gerne mit unkonventionellen Materialien.
Aus dem papierähnlichen Material Tyvek
fertigte sie 2002 einen Schlupfstiefel. Dabei
hat Marloes ten Bhömer den Schnitt des
Stiefels so verändert, dass sich der Schaft
des Stiefels nach vorne wölbt und sich die
sonst übliche Halbkreisform der Wade am
Schienbein befindet.

Aus Papier entstand 2006 auch der »Paper-
foldedshoe«, eine Studie, die zeigt, wie man
aus nur einem Blatt Papier durch Schneiden
und Falten eine schuhähnliche Fußbeklei-
dung herleiten kann. Diese Arbeit macht
deutlich, wie weit sich ten Bhömer von den
Konventionen der Schuhmacherei entfernt
und so zu wirklich ungewöhnlichen Formen
gelangt.

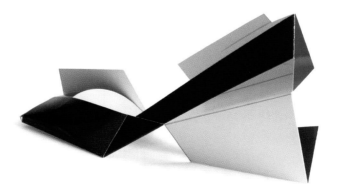

/2

CHRIS BOSSE

Digital Origami   2007

Installation im 72 Erskine –
Events & Exhibition, Sydney

Zusammenarbeit mit Studenten (Master Class)
der University of Technology, Sydney

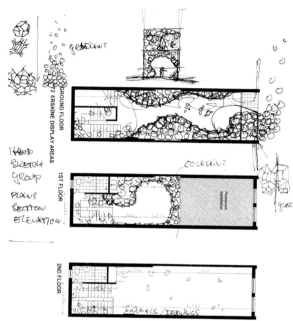

Seit einigen Jahren beschäftigt sich Chris
Bosse mit organischen Strukturen, die er im
Computer generiert. Dabei untersucht er
Formen aus der Natur wie etwa Schäume oder
Rhizome, die er dann in Gebäudestrukturen
oder Fassaden übersetzt, wie beispielsweise
beim Schwimmstadion für die Olympischen
Spiele in Peking 2008.

Bei der vorliegenden Arbeit »Digital Origami«
forderte er seine Studenten der University
of Technology auf, ein kleines Modul zu gestalten, welches als Tragwerk für eine komplexe
Struktur dienen kann – ähnlich den Mikro-
organismen eines Korallenriffs. Dabei sollten
die Studenten digitale Entwurfstechniken
und deren neue Umsetzungsmöglichkeiten
nutzen, um damit eine Rauminstallation zu
entwickeln. Aus dieser Aufgabenstellung
resultierte schließlich eine Installation aus
dreitausendfünfhundert Modulen in zwei
verschiedenen Varianten, welche per Laser
aus Karton geschnitten und schließlich zu
einer fantastischen Höhlenlandschaft aufge-
schichtet wurden. Integrierte LED-Leuchten
belebten die Kartonelemente zusätzlich.

ZOE BRADLEY

/1 <u>The Hanging Gardens of Pulp</u>   2007
Gestaltet für das französische Modelabel
Marithé + François Girbaud
Installation im Geschäft in Soho, New York

/2 <u>Pleated Paper Showpiece</u>   2005
Michiko Koshino Werbekampagne
Herbst-Winter-Kollektion 2005/2006

Kunstvolle Modewelten und dramatische
Silhouetten sind das Markenzeichen von Zoe
Bradley. Ihre theatralischen Arbeiten entstehen für Werbekampagnen, Magazine, den
Laufsteg oder das Schaufenster. Die oft über-
dimensionierten Schmuckstücke, Kleider
und Inszenierungen sind zwischen Mode,
Skulptur und Bühne einzuordnen. Sie entstehen in aufwendiger Handarbeit, wobei Zoe
Bradley traditionelles Schneiderhandwerk mit
luxuriösen Papieren kombiniert.

Zoe Bradleys Werk umfasst recht unterschiedliche Arbeiten wie etwa die imposanten
Präsentationsteile für Michiko Koshino von
2005, aber auch ruhigere Installationen wie
»The Hanging Gardens of Pulp«. Für diese
Ausstellung luden Marithé und François
Girbaud die Gestalterin ein, eine ortsspezifi-
sche Installation anzufertigen. Entstanden
ist eine großformatige Tier- und Pflanzenwelt
aus Papier.

/2

39

BRUKETA
&
ŽINIĆ

Well Done   2007
Jahresbericht für die
Nahrungsmittelfirma Podravka
Buch und Begleitbroschüre
in thermo-reaktiver Tinte

Wer den Jahresbericht aus dem Jahr 2007
der Nahrungsmittelfirma Podravka lesen
möchte, muss ihn erst mal in den Ofen schie-
ben. Zumindest Teile davon. »Well Done«
besteht nämlich aus zwei Portionen, dem
eigentlichen Jahresbericht und einer kleinen
beigelegten Broschüre. Diese enthält das
Herzstück der Marke Podravka: die haus-
eigenen Rezepte.

Um aber kochen zu können wie Podravka,
muss man sehr präzise vorgehen, und um ihre
Rezepte zu verstehen ebenso. Dazu haben
Bruketa & Žinić die Broschüre in unsichtba-
rer, thermoreaktiver Tinte gedruckt. Will man
also Podravkas Geheimnisse entdecken, muss
man die Broschüre in Alufolie wickeln und
bei exakt 100 Grad C für 25 Minuten backen.
Hat man die Broschüre erfolgreich zubereitet,
so erscheint auf den zuvor leeren Seiten nun
das Rezept und die illustrierten Teller füllen
sich mit Essen. Hält man sich jedoch nicht
präzise an die Angaben, so können die Seiten
auch – wie eine Mahlzeit – anbrennen.

DANIELE BUETTI

Like Tears from a Star   2008

Installation »Maybe You Can Be One of Us«
Kunstmuseum Mülheim an der Ruhr
Detailansicht
Courtesy Bernhard Knaus Fine Art,
Frankfurt am Main,
© 2010, ProLitteris, Zürich

Ohne zu moralisieren oder zu banalisieren analysiert Daniele Buetti unsere Sehnsucht nach Schönheit, Normierung und Orientierung, die insbesondere die Werbung so geschickt für ihre Zwecke zu verwenden weiß. Buetti lockt uns mit der Perfektion der Mode und Werbefotografie und zeigt zugleich die Abgründe einer aggressiven Medienmaschinerie und des entfesselten Konsumwahns, indem er die perfekten Porträts der Hochglanzmagazine mit spitzen Gegenständen wie Stiften oder Nadeln attackiert. Ende der Neunzigerjahre wurde der Schweizer Künstler mit Werbeporträts bekannt, auf deren Rückseite er Markennamen mit Kugelschreiber eingravierte, die schließlich wie Tätowierungen oder Brandzeichen die Gesichter der Models verunzierten.

Mit der Ausstellung »Maybe You Can Be One of Us« widmet er sich wieder der Werbewelt. Die Schau versammelt in stummem Protest Demonstrationsschilder, die mit den Fotografien melancholisch dreinblickender Models beklebt sind. Durch zahllose Nadelstiche in den Gesichtern scheinen die Werbe-Ikonen »Tränen aus Licht« zu weinen. Mit dieser künstlerischen Reflexion über den Zustand der Bilder rückt Buetti die Reklamefotografie in die Nähe der Heiligendarstellung.

PETER CALLESEN

/1 Nobody but Flowers 2006
Säurefreies Papier und Klebstoff
ca. 101,5×34×25 cm

/2 17,9 cm tall Tower
of Babel 2006
Säurefreies Papier und Klebstoff
ca. 101,5×34×25 cm

/3 Traces in the Snow 2006
Säurefreies Papier und Klebstoff
ca. 101,5×34×25 cm

/4 Burnable Snowman 2006
Säurefreies Papier und Klebstoff
ca. 101,5×34×25 cm

/5 In the Shadow of
an Orchid II 2006
Säurefreies Papier und Klebstoff
ca. 101,5×34×25 cm

/6 White Diary 2008
115 Gramm säurefreies Papier,
Stift und Notizbuch
244×212×17 cm

Courtesy Helene Nyborg Contemporary

/1

/2

/5

/4

Die fein ausgearbeiteten Papierarbeiten
Peter Callesens zeigen eine tragisch-roman-
tische Märchenwelt mit überraschend
narrativen Elementen.

In außergewöhnlich minutiöser Handarbeit
verwandelt Callesen zweidimensionale Papier-
flächen in dreidimensionale Skulpturen. Das
vergängliche Material und die fragile Ausar-
beitung der Papierskulpturen stehen für die
Flüchtigkeit des Moments und die Verletzlichkeit der Protagonisten.

Die hier präsentierten Arbeiten (Bild-Nr. 1–5)
stellen dreidimensionale Stillleben dar, welche
aus gewöhnlichem A4-Papier entstanden. Die
eingefrorenen Momentaufnahmen erzählen
kleine Geschichten aus einer romantischen
Welt zwischen Zerbrechlichkeit, Melancholie
und Groteske. »White Diary« zeigt einen aus
hunderten von Papierobjekten geformten
menschlichen Kopf, in dessen Mitte ein Buch
liegt, aus dessen Seiten eine fantasievolle
Landschaft wächst.

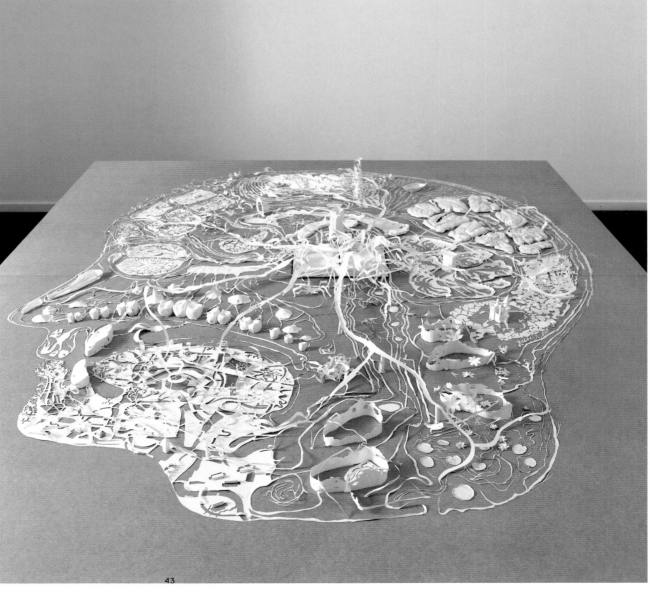

HUSSEIN CHALAYAN

→ siehe Materialien/Technologien #45

Airmail Dress   1999

Kleid aus Tyvek

Hussein Chalayan gilt als Erfinder, Philosoph und Architekt unter den Modemachern. Wie ein Konzeptkünstler geht er an seine Kollektionen heran und interpretiert mit seinen Entwürfen oft gesellschaftlich relevante Themen wie Identität, Tradition und Heimat. So warf er etwa 1998 für seinen viel diskutierten Entwurf »Between« sechs weiblichen Modellen moslemische Schleier in verschiedenen Längen über. Der längste verhüllte den gesamten Körper, der kürzeste zeigte außer dem Gesicht den gesamten Körper schonungslos nackt. Ein Skandal!

Genau wie seine Mode sprengen auch seine Laufstegpräsentationen jeden Rahmen und präsentieren sich so anspielungsreich und intellektuell anspruchsvoll wie Theaterinszenierungen. Neben den starken Konzepten prägt auch der Einsatz innovativer Materialien und Technologien seine Entwürfe. Das 1999 entstandene »Airmail Dress« produzierte er aus dem synthetischen Papier Tyvek, das auch für Briefumschläge und Schutzanzüge Anwendung findet. Ein Objekt, das zunächst wie ein Luftpost-Briefumschlag erscheint, lässt sich schließlich zu einem reißfesten und waschbaren Kleid mit markanten roten und blauen Streifen entfalten. Das luftige und leichte Kleid aus dem widerstandsfähigen Material könnte als postalische Botschaft aus einer anderen, wesentlich innovativeren Modewelt aufgefasst werden.

COTTRELL
&
VERMEULEN

The Cardboard Building   2001

Grundschule Westborough
Westcliff-on-Sea, Großbritannien

Nachhaltige Baumethoden sind zentrales Thema der Arbeit von Cottrell & Vermeulen Architecture. Mit intensiver Recherche und Materialforschung entwickeln sie flexible und anpassungsfähige Lösungen für ökologisches Bauen. Für das »Cardboard Building« der Westborough Primary School in Westcliff-on-Sea (Essex), Europas erstes Kartongebäude, entwickelte das Büro in Anlehnung an die klassischen Falttechniken des Origami tragfähige Pappstrukturen. Das ungewöhnliche Schulhaus besteht zu neunzig Prozent aus wiederverwertbaren oder recycelten Materialien, deren Nutzung auf einer ausführlichen Materialstudie basieren. Ein Großteil der verwendeten Materialien besteht aus Pappe. Die Wände und das Dach sind aus einem Karton-Holz-Komposit gefertigt. Sie haben sowohl eine tragende Funktion als auch hervorragende isolierende Eigenschaften. Daneben dienen Pappröhren als konstruktive Säulen und Palisaden.

Das »Cardboard Building« ist konzipiert für eine Lebensdauer von zwanzig Jahren. Aufgrund seiner kostengünstigen Bauweise und seiner nachhaltigen Konzeption wurde es gleich zweimal vom Royal Institute of British Architecture ausgezeichnet.

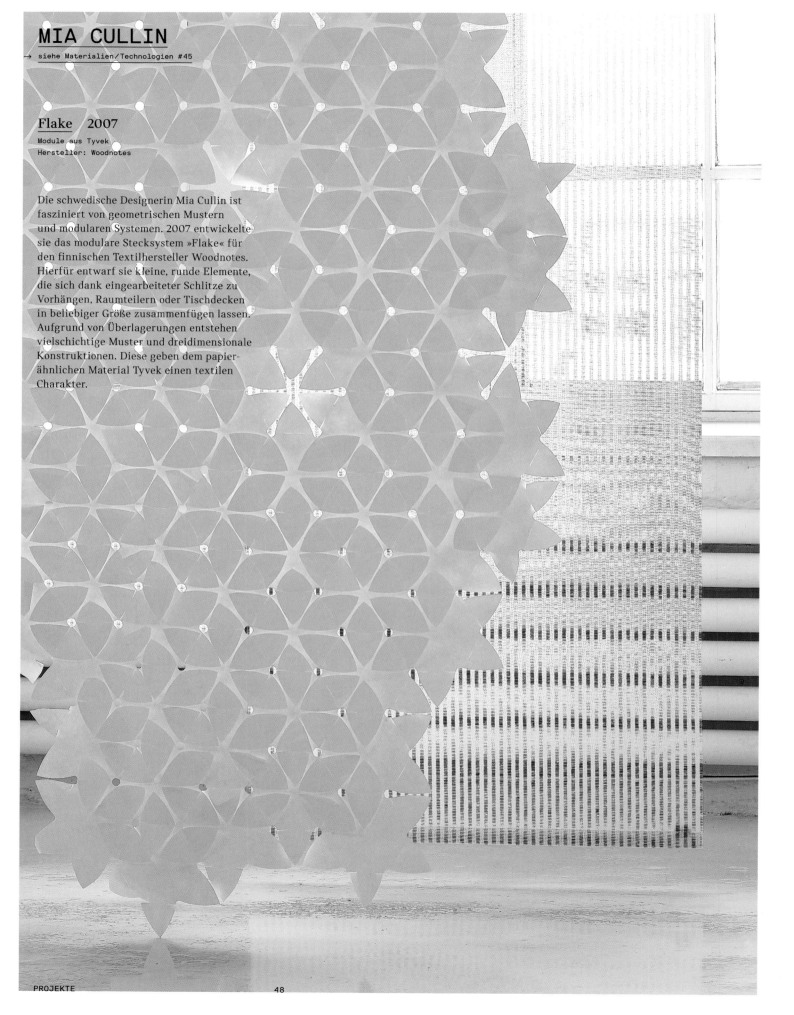

MIA CULLIN

→ siehe Materialien/Technologien #45

Flake 2007

Module aus Tyvek
Hersteller: Woodnotes

Die schwedische Designerin Mia Cullin ist
fasziniert von geometrischen Mustern
und modularen Systemen. 2007 entwickelte
sie das modulare Stecksystem »Flake« für
den finnischen Textilhersteller Woodnotes.
Hierfür entwarf sie kleine, runde Elemente,
die sich dank eingearbeiteter Schlitze zu
Vorhängen, Raumteilern oder Tischdecken
in beliebiger Größe zusammenfügen lassen.
Aufgrund von Überlagerungen entstehen
vielschichtige Muster und dreidimensionale
Konstruktionen. Diese geben dem papierähnlichen Material Tyvek einen textilen
Charakter.

DARCH STUDIO

Papercut   2007
Verkleidung aus Pappe
Verkaufsraum von Yiorgos Elftheriades in Athen

Ein vollständiges Interieur aus Pappe entwarf
die Architektin Elina Drossou von dARCHstudio
für die Boutique des Modedesigners Yiorgos
Eleftheriades in Athen. Mit dem Material,
das wie kein anderes für Transport und Veränderung steht, wollte sie auf die verschiedenen Nutzungsweisen der Räumlichkeiten
eingehen. Denn Eleftheriades' Boutique wird
nicht nur als Arbeits- und Verkaufsraum
genutzt, sondern es finden hier auch Ausstellungen, kleine Modeschauen sowie Partys
statt. Um den Kunden so viel Bewegungsfrei-
heit wie möglich zu gewähren, hat sie die
Möbel an den Wänden befestigt. Aufeinan-
dergeschichtete Pappstreifen verdecken
die Wände, überwuchern Möbel und bilden
Kurven, welche als Sitzgelegenheit genutzt
werden können.

CHARLIE DAVIDSON

/1 **Ruff** 2008

Schaufensterinstallation bei
Selfridges, London

Einseitig grün gefärbter Karton
(TetraPak), Drehkonstruktion

Detailansicht

/2 **Iris & Ruff** 2008

Schaufensterinstallation bei
Selfridges, London

Iris: Karton, Draht, Drehkonstruktion
Ruff: Einseitig grün gefärbter Karton
(TetraPak), Drehkonstruktion

/3 **Black-Light** 2007

Papier, Edelstahl und Farbleuchtfolie
ø 85cm

/3

Wie eine dunkle Wolke schwebt »Black-
Light« unterhalb der Zimmerdecke, einzelne
Lichtstrahlen setzen dramatische Akzente.
Die stimmungsvolle Leuchte, die sich durch
Improvisation und Variabilität auszeichnet,
ist auf bemerkenswert einfache Art entstanden. Charlie Davidson zerknüllte matt-
schwarzes Papier sowie Beleuchtungsfolie
zu effektvollen Formationen.

In einer Schaufensterinstallation bei
Selfridges in London drehten sich die beiden
Leuchten »Iris« und »Ruff« um die Köpfe
von Schaufensterpuppen und erzeugten
wirbelnde Lichteffekte. Die Leuchte »Ruff«
erinnert an Halskrausen, wie sie im sechzehnten Jahrhundert Mode waren. Die kreisförmige Struktur besteckte Davidson mit
Elementen aus Tetrapak-Papier, welches er
auf der unbeschichteten Seite grün ein-
färbte. Die kunststoffbeschichtete Seite des
Tetrapak-Papiers reflektiert das Licht, wes-
halb durch die Drehung der Leuchte wilde
Lichtspiele entstehen.

»Iris« hingegen ist eher ein technisches
Experiment als eine Leuchte. Sie besteht aus
schwarzen Karten mit buntem Hintergrund
und kreisförmigen Projektionsflächen, die
rund um eine weiße Lichtquelle angeordnet
sind. Durch die Reflexionen, welche das
Licht auf die Projektionsflächen wirft, entstehen tausende von Farben.

THOMAS DEMAND

/1 **Klause I** 2006

C-Print/Diasec
275×170 cm

/2 **Klause III** 2006

C-Print/Diasec
199×258 cm

/3 **Klause V** 2006

C-Print/Diasec
197×137 cm

/4 **Grotte** 2006

C-Print/Diasec
198×440 cm

© Thomas Demand, 2010, ProLitteris, Zürich

Die minutiösen Rekonstruktionen von Thomas
Demand wirken zunächst täuschend echt.
Basierend auf Abbildungen und Pressefotos
baut er Orte, an denen medienpräsente
Ereignisse stattfanden, in Papier und Pappe
nach und lichtet sie anschließend ab.

Die Serie »Klause« bezieht sich auf einen
Verdachtsfall von schwerem Kindesmissbrauch, der zum Justizskandal voller Ermitt-
lungsfehler geriet und an dessen Ende alle
Angeklagten freigesprochen wurden. Die
Räume, in denen die Tat nach Auffassung der
Anklage begangen worden sein soll, sind
vom Besitzer bereits vier Monate nach Beginn
der Ermittlungen umgebaut und neu vermietet worden. Um jedoch den Fall zu rekonstru-
ieren, baute die Polizei die ursprünglichen
Räume samt Mobiliar noch einmal in Originalgröße nach. Und nach ihr auch Thomas Demand.

Die Arbeit »Grotte« hingegen zeigt eine beein-
druckende Tropfsteinhöhle. Als Vorlage für
das über fünfzig Tonnen schwere Karton-
modell diente die Postkarte einer Höhle auf
Mallorca.

Die feuchte Atmosphäre des Tropfsteins wurde
am Computer generiert, doch bei der Konstruktion der »Grotte« war der Rechner mit
der Masse der Datenmenge überfordert und
entwickelte plötzlich eigene, von Demand
nicht vorgesehene Formen. Nach der Vorlage
der überlasteten Maschine wurde die Grotte
schichtweise aus fünfzig Tonnen hellgrauer
Pappe aufgebaut. Die in der Ausstellung
gezeigte Fotografie des Modells zieht einen
perspektivisch in die Tiefe eines Ortes, den
es nicht gibt. Der Fluchtpunkt ist ein Trug-
bild, eine medienkritische Finte. Auch mit
diesem Motiv macht Demand deutlich, dass
Fotografie und Berichterstattung niemals
Realität, sondern Teil einer Konstruktion sind.

/2

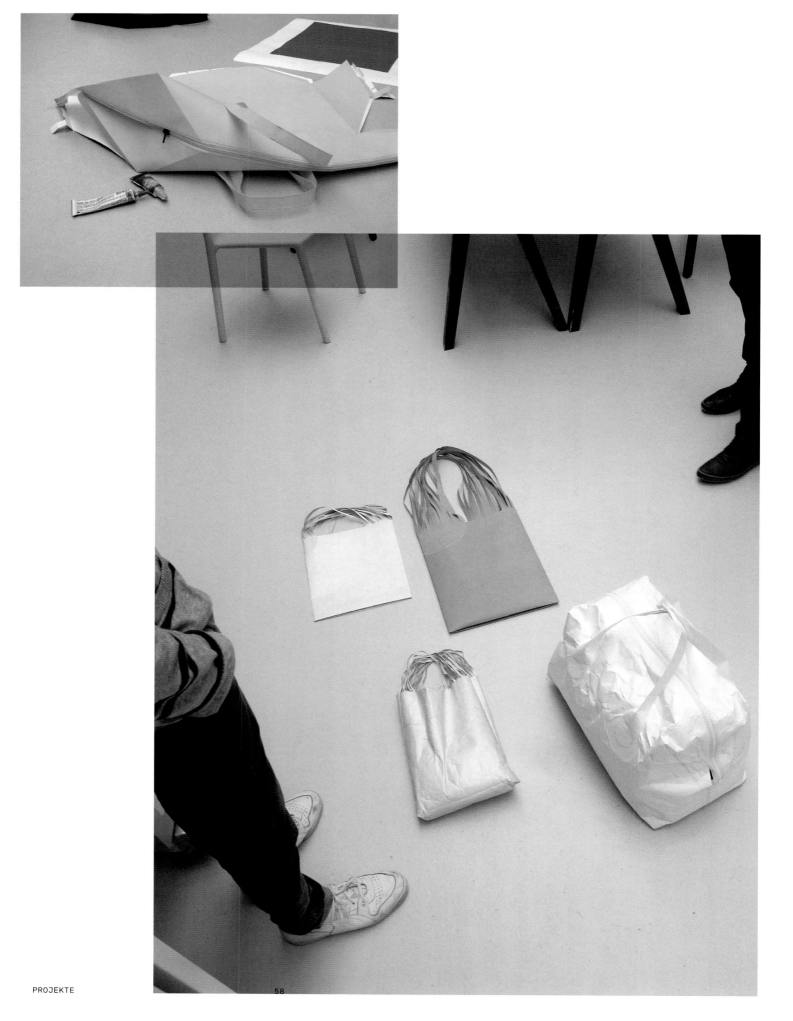

CHRISTIANE FESER

Falten #11   2007

/1 Detail in Originalgröße

/2 Komplexe Faltenlandschaft, Digitale Komposition
230 × 140 cm

Auf den ersten Blick scheint die komplexe
Papierlandschaft »Falten« von Hand akkurat
zurechtgeformt zu sein. Doch dann entdeckt
man, wie Faltenberge abrupt in Faltentäler
übergehen, wie unnatürlich die Faltungen
und Knicke verlaufen, und plötzlich entpuppt
sich das Bild als digitales Arrangement.
Christiane Feser hat tausende von A4-Papie-
ren von Hand zerknüllt, fotografiert und
archiviert. Diese unterschiedlichen Papier-
falten hat sie schließlich digital zu einer
homogenen Faltenlandschaft zusammengefügt.

Die künstlerischen Fotografien von Christiane
Feser entstehen oft mittels dokumentarischer
Techniken und werden durch digitale Bild-
bearbeitung hinterfragt, verfremdet oder
überzeichnet. Mit den Techniken der Kaschierung, Überlagerung und Inversion fügt sie
das Unvereinbare zusammen. Dieses Wechselspiel von Reproduktion und Wirklichkeit
widerspiegelt die Kultur des allgegenwärtigen
digitalen Bildes.

OLIVER FRITZ
&
TOM PAWLOFSKY

Modellbau Pavillon   2007
Erweiterungsbau der Modellbauwerkstatt
Zusammenarbeit mit Studenten der
Hochschule Liechtenstein

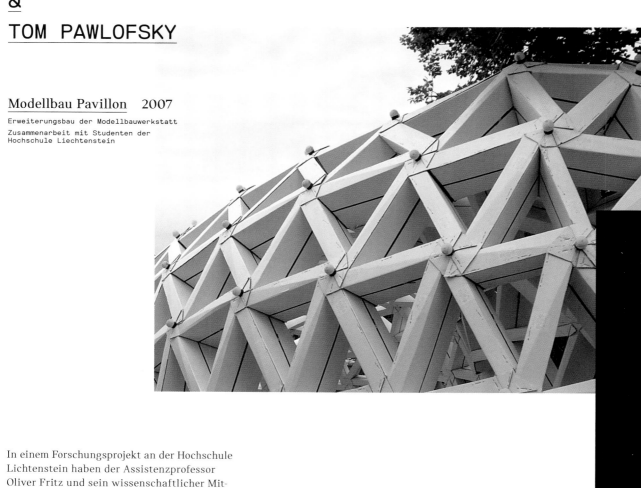

In einem Forschungsprojekt an der Hochschule
Lichtenstein haben der Assistenzprofessor
Oliver Fritz und sein wissenschaftlicher Mit-
arbeiter Tom Pawlofsky computergestützte
Freiformen in der Architektur untersucht.

Sie entwickelten ein komplett neues Schalungssystem für Freiformen aus Wellpappe, welches im Vergleich zu bisherigen
Schalungstechniken zu günstigen Preisen
hergestellt werden kann. Obwohl Wellpappe
preiswert, voll recycelfähig, extrem stabil
und leicht zu verarbeiten ist, wird sie bisher
kaum als Baumaterial eingesetzt. Doch da
das Material leicht mit CNC-gesteuerten
Schneid- und Falzplottern bearbeitet werden kann, ist es für die computergestützte
Produktion eigentlich ideal. Dem zum Patent
angemeldeten Schalungssystem folgte im
Sommer 2007 der Auftrag der Hochschule
Liechtenstein, in einem Workshop mit
Studierenden ein 60 Quadratmeter großes
Außenatelier für Modellbau zu gestalten.
Das imposante Resultat ist ein geschwunge-
ner Baukörper, dessen Tragstruktur aus
Wellpappe besteht. Dank einer übergestülp-
ten PVC-Haut ist er außerdem wetterfest.
Das temporäre Gebäude lässt sich nicht nur
schnell und kostengünstig herstellen, es
könnte künftig auch in Kleinserie produziert
werden.

NAOTO FUKASAWA

SIWA   2008
Produkte aus reißfestem Washi-Papier
Hersteller: Onao

Onao ist ein traditioneller Hersteller von Washi-Papier, der seit einigen Jahren japanische Papiertradition und Hightech zu verbinden sucht. Die neu entwickelten Papiere sind zum einen für die traditionellen japanischen Trennwände einsetzbar, können durch ihre neuartigen Materialqualitäten jedoch auch für Alltagsprodukte verwendet werden. Um neue Produkte für das reißfeste Washi-Papier Naoron zu finden, hat Onao mit dem international renommierten Gestalter Naoto Fukasawa zusammengearbeitet. »Washi erweckt oft das Bild von traditionellen Handarbeiten. Ich möchte jedoch Entwürfe für den Alltag gestalten, indem ich sowohl die Textur des zarten Materials nutze als auch seine Qualitäten als praktisches Gebrauchsmaterial betone«, kommentiert Fukasawa seinen Entwurf.

Um die Strapazierfähigkeit und besondere Anmut des Papiers hervorzuheben, hat Fukasawa das Papier leicht zerknüllt. Dadurch wird nicht nur die Beschaffenheit des reißfesten Materials betont, sondern auch der warme, lebhafte Charakter des Washi-Papiers. Die Produktserie »SIWA« umfasst verschiedene robuste Umschläge, von Briefumschlägen bis hin zu Brillenetuis, kleinen Körben und Taschen.

YING GAO

Für die Konstruktion dieser skulpturalen
Mode verwendet die chinesische Modedesignerin Ying Gao zwar kein Papier, aber
sie bedient sich der traditionellen chinesischen Papierfaltkunst Zhezhi, die mit dem
japanischen Origami verwandt ist. Experimente mit dieser Faltmethode erlauben es ihr,
Kleidungsstücke zu entwerfen, die variable
Formen annehmen können. Für ihre Kollektion
»Walking City« kombiniert sie die traditionelle Faltkunst mit elektronischen Bauteilen,
die die Kleidungsstücke auf spielerische
Weise »zum Leben erwecken«. So reagiert
der Sensor im Rücken des ersten Kleides
(ohne Abbildung) auf Berührung, indem er
dank pneumatischer Bauteile einige Par-
tien des Kleides aufbläht. Im zweiten Kleid
reagiert ein Geräuschdetektor auf den Atem
des Betrachters und aktiviert den Kragen,
der sich daraufhin langsam entfaltet. Der
Bewegungsmelder im dritten Kleid reagiert
auf Nähe.

Ying Gao möchte »Walking City« als Hommage
an die Architektengruppe Archigram verstanden wissen, die in den Sechzigerjahren mit
utopischen Architekturprojekten auf sich
aufmerksam machte. Unter dem gleichen Titel
präsentierte die Gruppe den Entwurf einer
mobilen Stadt, die »sich heiter und gelassen
durch die Landschaft bewegen« sollte.

/3

/4

FRANK GEHRY

/1 **Cloud** 2005

```
Leuchte aus zusammensteckbaren
Schalenelementen
Polyestervlies
Hersteller: Belux
```

/2 **Wiggle Side Chair** 1972

```
Stuhl aus der Serie »Easy Edges«
Wellpappe
Hersteller: Vitra
```

Frank Gehry gilt als einer der einflussreichsten Architekten der Gegenwart, beschäftigt sich aber auch immer wieder mit Möbeln und anderen Einrichtungsgegenständen. Während der Architekt in den Fünfzigerjahren noch konventionelle kubische Gebäude kreierte, begann er in den Siebzigerjahren nach Ermutigung durch Künstler wie Claes Oldenburg oder Richard Serra zu seinem eignen Stil zu finden. Er arbeitete mit einfachen Baumaterialien und erzielte bewusst den Eindruck unfertiger Gebäude. Aus der intensiven Auseinandersetzung mit dem Material Wellpappe ist in den Jahren 1969 bis 1973 die Möbelserie »Easy Edges« entstanden. Seine innovativen Verarbeitungsmethoden im Umgang mit Wellpappe wurden patentiert.

Gemeinsam mit Vitra und Belux entwickelte Gehry »Cloud«, ein für die Serienproduktion konzipiertes Leuchtenprogramm. Die Lampe war ursprünglich in Papier gedacht, wird aber aus Polyestervlies hergestellt. »Cloud« besteht aus rund fünfzig flexiblen Vliessegmenten mit verstärkten Rändern, die zu variablen Volumen zusammengesteckt werden können. Im Inneren dient eine Drahtkonstruktion als Gerüst. Aufgrund des modularen Aufbaus, der für das Endprodukt keine endgültige Form vorgibt, ist jedes Exemplar individuell gestaltet und damit ein Unikat.

/1

/1

KONSTANTIN GRCIC

/1 **Chair One**   2004
Stuhl
Modelle aus Pappe und Klebeband
Hersteller: Magis

/2 **Stuhl**   2005
Nicht realisiert
Modelle aus Pappe, Draht und Klebeband
Auftraggeber: Plank

/3 **Küchenmaschinen**   2002
Nicht realisiert
Modelle aus Pappe, Draht und Klebeband
Auftraggeber: Krups

/4 **Tip**   2003
Treteimer
Modelle aus Pappe, Draht und Klebeband
Auftraggeber: Authentics

»Ich bin mir ganz sicher, dass der Modellbau mit Papier seit Jahren einen Einfluss auf meine Formensprache hat. Das passiert nicht unbedingt bewusst, aber wenn es so ist, lasse ich es immer zu. Mir bietet das Papier sehr schnell die Möglichkeit, im Maßstab 1:1 zu arbeiten. Es sind sozusagen Skizzen im Raum«, erklärt Konstantin Grcic seine Vorliebe für Modelle aus Papier und Pappe. Das Material spielt für ihn eine große Rolle, auch wenn man es den fertigen Objekten nicht immer ansieht. Sehr viel stärker als das Modellbaumaterial beeinflusst die Suche nach geeigneten Materialien und Herstellungsverfahren seine Formensprache.

Trotzdem stellen Papier, Pappe und Klebeband die Werkstoffe dar, die ihn am Beginn einer Entwurfsarbeit am besten unterstützen. In seinem Münchner Studio bewahrt er zahlreiche Pappmodelle auf. »Die Modelle speichern auf wunderbare Weise die Spuren des Entwerfens, darum bedeuten sie mir auch nach Jahren noch sehr viel.«

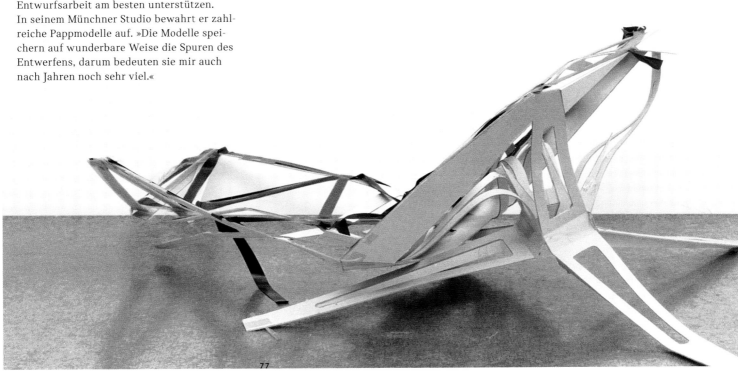

/3

/2

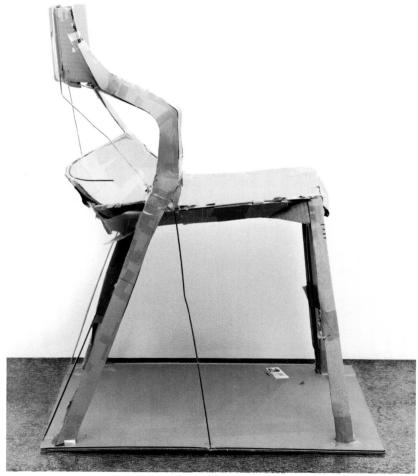

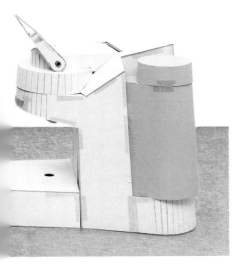

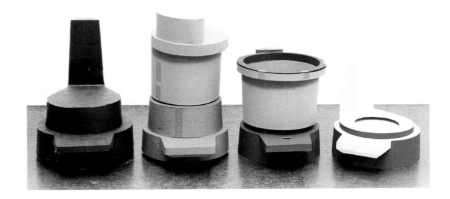

OSANG GWON

Courtesy Gwon Osang und Arario Gallery

Die Massenmedien und deren manipulative Wirkung auf die Gesellschaft haben den koreanischen Künstler Osang Gwon stets interessiert. Schon als Student hat er eine Werbetafel mit der Aussage »Massenmedien machen Künstler« entworfen. Heute fotografiert er Personen akribisch von Kopf bis Fuß und fügt hunderte von Fotografien zu lebensgroßen, glänzenden Skulpturen zusammen. Die Bilder beschreiben die Beschaffenheit der Kleidung, der Haut und der Haare und lassen die Figuren lebensnah wirken. Doch die unwirklich gewundenen Posen und die verzerrten Proportionen verstören den Betrachter und lassen die Personen unwirklich erscheinen.

In »A Deodorant Type« reflektiert Gwon die Wechselwirkung von Werbung und Kultur, Tradition und Herkunft. Der Titel spielt etwa auf den Versuch einiger Konzerne an, auch in Asien Deodorants auf den Markt zu bringen. Ein dramatischer Fehlversuch, wie sich herausstellte. Denn die Verwendung asiatischer Models hat, nach Einschätzung des Künstlers, dem »exotischen« Produkt den Reiz genommen, außerdem sei der größte Teil der Asiaten anatomisch gar nicht in der Lage, Körpergeruch zu verbreiten; sie betrachteten diesen sogar als krankhaft. Darum möchte Gwon den Titel »als Referenz an diese Art der Missverständnisse« verstanden wissen.

/1

/2

/4

/5

HAPTIC –
AWAKENING THE SENSES

/1 Cabbage Bowls   2004
Design: Yasuhiro Suzuki
Paperclay

/2 Wall Clock   2004
Design: Jasper Morrison
Zifferblatt aus formgepresstem Papier

/3 Floating Compass   2004
Design: Shunji Yamanaka
Papierstruktur mit magnetisiertem Metallstab

/4 Cast-off Snakeskin
Paper Towel   2004
Design: Kengo Kuma
Geprägtes Papier

/5 Haptic Cup   2004
→ siehe Materialien/Technologien #09
Design: Sam Hecht
Transluzentes Papier

/6 Paper Wastebasket   2004
→ siehe Materialien/Technologien #18
Design: Keiko Hirano
Papierbogen aus vulkanisierten Fasern

/2

Das Wort Haptik stammt aus dem Griechischen und bezeichnet das aktive Ertasten von Oberfläche, Textur und Temperatur eines Objektes. Die Ausstellung »HAPTIC – Awakening The Senses« fand 2004 im Rahmen der Takeo Paper Show in Tokio statt. Gestalter verschiedener Disziplinen wurden dazu eingeladen, Objekte aus Papier zu gestalten, die nicht durch ihre visuelle oder formale Erscheinung bestechen, sondern in erster Linie den Tastsinn ansprechen.

Der »Haptic Cup« von Sam Hecht beispielsweise macht aus dem Pappbecher, dem rein funktionalen Wegwerfartikel schlechthin, ein sinnliches und ästhetisches Produkt. Der Becher aus transluzentem Papier lässt die Farbe des Getränkes durchschimmern und schärft so die Wahrnehmung des Betrachters.

Keiko Hirano liebt es, eine Idee zu verwerfen, indem sie das Skizzenblatt geräuschvoll zerknüllt und in den Papierkorb wirft. Der »Paper Wastebasket« ist aus einem Bogen von vulkanisierten Papierfasern geschnitten und wird flach zusammengenäht. In nassem Zustand kann die Form zerknüllt werden, und sobald die Fasern trocknen, wird der Papierkorb zu einem festen Gebilde.

Kengo Kumas »Cast-Off Snakeskin Paper Towel« ist aus hauchdünnem Washi-Papier gearbeitet. Das eingeprägte Muster weckt nicht nur optisch, sondern auch bei Berührung die Erinnerung an Schlangenhäute.

Ebenfalls zum Berühren lädt die gerippte Oberfläche der »Wall Clock« von Jasper Morrison ein. Er arbeitete mit einem hochelastischen Papier, welches ohne Faltenwürfe formgepresst werden kann. Daraus fertigte er eine Wanduhr, die vor einer weiß tapezierten Wand fast unsichtbar sein dürfte.

Für die »Cabbage Bowls« wärmte Yasuhiro Suzuki einen Kohl auf, schälte die weichen Blätter ab und formte diese in Silikonformen nach. Mithilfe dieser Negativformen baute er Kohlblätter aus »Paperclay«, einer Mischung aus Papierfaserbrei und Ton. Die perfekt abgeformten Blätter können als Schalen genutzt werden oder zu Kohlformationen zusammengesteckt werden.

Shunji Yamanaka gestaltete den »Floating Compass«, einen filigranen Wasserläufer, der Dank der cleveren Beinstrukturen die Oberflächenspannung des Wassers nutzen kann, um darauf zu gleiten. Der aus wasserabstoßend ausgerüstetem Papier gestaltete Kompass trägt eine kleine Nadel. Wenn die Nadel sich nach Norden ausrichtet, beginnt er zu rotieren.

/3

/4

/5

KIRSTEN HASSENFELD

→ siehe Materialien/Technologien #08

/1 **Dollar Dreams**   2002
Papier und andere Materialien

/2 **Horn of Plenty**   2004
Papier und andere Materialien
ca. 152×60×60 cm

Wie ein fantastischer Tagtraum voller Prunk und Kitsch wirkt die Ansammlung von Objekten in »Dans la Lune«. Die überdimensionalen Schmuckstücke, üppigen Kronleuchter und übermäßig dekorierten Kuriositäten sind größtenteils aus Papier gefertigt. Hassenfeld verherrlicht geradezu die Techniken des Kunsthandwerks und die oft verschriene Ästhetik der Dekoration. Ihr Umgang mit den unterschiedlichen Papieren ist raffiniert, sie faltet es in klare Facetten, rollt es zu Schnörkeln oder schneidet daraus filigrane Scherenschnitte.

Aber Hassenfelds Skulpturen erzählen nicht nur von Opulenz und extravagantem Luxus, durch den Einsatz des fragilen und kurzlebigen Materials Papier stellt sie auch den verschwenderischen Lebensstil infrage. Die subtile Kritik an der Überflussgesellschaft kommt in »Horn of Plenty« am stärksten zum Ausdruck. Das von innen beleuchtete Füllhorn ist übervoll mit Papierketten, Amuletten, Kristallen und Perlen.

/1

RICHARD HUTTEN

Book Table   2008

Gebundene Bücher, Epoxidharz
Ausstellung »Layers«, Galleria Facsimile,
Möbelmesse Mailand, 2008

Eine mangelnde Auseinandersetzung mit den
zentralen inhaltlichen Fragen der Gestaltung
beklagt der holländische Gestalter Richard
Hutten. Darum stellte er auf der Mailänder
Möbelmesse 2008 eine siebenteilige Kollektion aus handgefertigten, limitierten Objekten vor, deren schichtweiser Aufbau für eine
komplexe Herangehensweise stehen sollte.
So befand sich unter den Objekten ein aus
zahlreichen Scheiben zusammengeleimter
Stuhl, der der Bewegung einer sich hinsetzen-
den Person nachempfunden ist. Hutten, selbst
passionierter Fotograf, hatte sich bei dem
Entwurf an der Serienfotografie des berühmten Briten Eadweard Muybridge orientiert,
der im neunzehnten Jahrhundert mit Chrono-
grafien menschlicher und tierischer Bewe-
gungsabläufe berühmt wurde. Ebenfalls zur
Serie zählt der Tisch »Book Table«, der aus
zusammengeleimten Bücherstapeln entstand.
Denn laut Hutten sind »Bücher der Inbegriff
von Vielschichtigkeit«. Mit seinen Objekten
will Richard Hutten den Diskurs über Objekte anregen: »Die Kollektion soll aufzeigen,
was wir an Objekten alles ablesen können.
Beim Design geht es ja nicht nur um schöne
Formen, sondern auch um die Geschichten,
die ein Objekt erzählen kann.«

CHARLES KAISIN

Hairy Chair 2005
Mit Papierfransen versehener Stuhl

Charles Kaisin setzt in seinen Arbeiten das
abstrakte Konzept des Recyclings in reale,
handwerklich gearbeitete Objekte um, indem
er aus Alltagsmaterialien, die eigentlich
zum Abfall zählen, ungewöhnliche und nützliche Produkte gestaltet. So verwendet er
das Fenster einer Waschmaschine als Schüs-
sel oder entwickelt eine dehnbare Bank aus
alten Zeitungen. Sein »Hairy Chair« besteht
aus einem alten Stuhl, den unzählige feine
Papierstreifen aus einem Aktenvernichter wie
ein Fell überziehen. Die Haare des »Hairy
Chair« erwecken die alte ausgediente Sitzgelegenheit und einen Stapel Altpapier aus
dem Schredder zu »neuem Leben«.

MARTTI KALLIALA
&
ESA RUSKEEPÄÄ

<u>Mafoombey</u> 2005
Ein Raum für das Erleben von Musik
Wellpappe

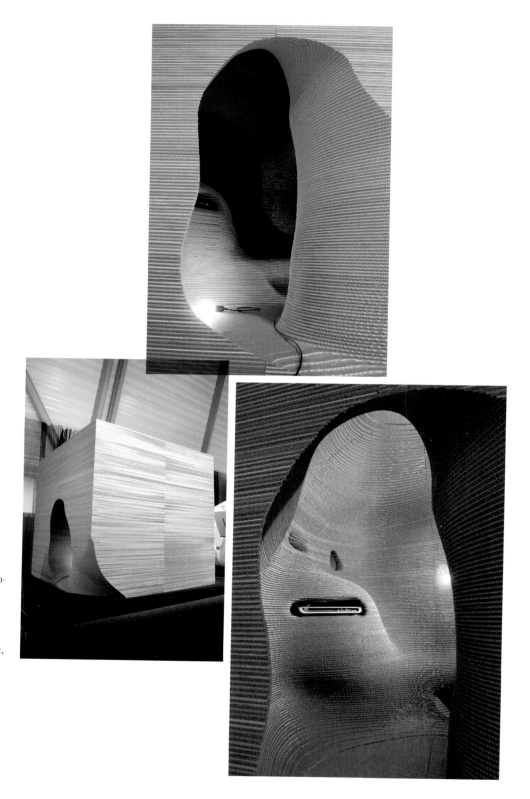

Einen Raum, in dem das Musikhören zum Erlebnis wird, suchte 2005 die Hochschule für
Kunst und Design in Helsinki mithilfe einer
Ausschreibung. Die beiden Architekturstu-
denten Martti Kalliala und Esa Ruskeepää
konnten diesen Wettbewerb mit »Mafoombey«,
einer Klanghöhle aus Wellpappe, für sich
entscheiden. In ein kubisches Volumen aus
2,5 Kubikmetern gestapelter Wellpappe
schnitten die beiden Designer einen frei
geformten Raum, den sie zuvor als Modell am
Computer entwickelt hatten. Ein Schneidplotter entfernte die Hohlräume aus den
einzelnen Wellpappeschichten. Die unregelmäßigen Wölbungen der Pappwände formen
eine Sitzbank beziehungsweise Öffnungen
für die Musikanlage. Die Wellpappe zeigt
sich als optimales Ausgangsmaterial für diese
Installation. Neben der angenehm warmen
Oberfläche vermittelt Karton dem Raum auch
exzellente akustische Eigenschaften. Die
Konstruktion ist selbsttragend, die einzelnen Schichten aus Wellpappe halten allein
durch ihr Eigengewicht zusammen. So kann
»Mafoombey« ganz einfach auf- und wieder
abgebaut werden.

ANDREAS KOCKS

/1 **Paperwork #701G (in the beginning)**   2007

Graphit auf Aquarellpapier
580 × 1060 × 15 cm
Installation in der DG Galerie München

/2 **Paperwork #703G (Cannonball)**   2007

Graphit auf Aquarellpapier
330 × 1670 × 13 cm
Installation bei Jeannie Freilich Contemporary, New York

Mit voller Wucht explodiert die große Wand-
installation »Cannonball« und hinterlässt
ihre Spuren aus schwarz eingefärbtem Papier.
Schließlich entspinnt sich ein spannungs-
reiches Wechselspiel zwischen Realität und
Papiermodell. Darüber hinaus lenken Andreas
Kocks' »Paperworks« nicht nur die Auf-
merksamkeit auf sich, sie machen auch den
gesamten Installationsraum zu einem dreidimensionalen Erlebnis.

Die Integration von visueller Kunst in die
Architektur ist ein zentraler Aspekt seiner
Arbeit. Der Entstehungsprozess beginnt
deshalb auch mit einer Skizze, die sich an
den Dimensionen des Ausstellungsraumes
orientiert. Anschließend fertigt er ein
Aquarell, um dann mit einem 1:10-Modell
fortzufahren. Das Original wird aufgrund
der immensen Größe erst am Ausstellungs-
ort aus den zahlreichen Einzelteilen aufgebaut. Durch die Schnitte fächert sich das
Papier auf und lässt so ein komplexes Spiel
zwischen Licht und Schatten entstehen.
Der Widerspruch zwischen der Leichtigkeit
und Verletzlichkeit des Materials Papier und
der Heftigkeit der explosiven Rauminstallationen verleihen den hier gezeigten Arbeiten
von Andreas Kocks ihre Kraft.

/1

KYOUEI DESIGN

→ siehe Materialien/Technologien #54

Honeycomb Lamp 2007

Leuchte aus rotem Wabenpapier
30 × 30 × 45 cm
Vertrieb: www.charlesandmarie.com

Simple Alltagsprodukte, genaue Beobachtungen und kluge Interpretationen bestimmen die Arbeit des japanischen Gestalters Kouichi Okamoto. Der Autodidakt und ehemalige DJ ist berühmt für seine radikal einfachen Ideen, wie etwa die »Balloon Lamp«, bei der ein einfacher weißer Ballon als Lampenschirm dient, der von einer LED-Leuchte und zwei Knopfzellen erhellt wird.

Die »Honeycomb Lamp« hingegen bezieht ihren Reiz aus dem verwendeten Wabenpapier. Sie besteht aus Denguri, einem speziellen Papier aus der Shikoku-Region in Japan. Die zwei Zentimeter dicke Form aus Wabenpapier kann wie eine Girlande aufgefächert werden. Die offene Leuchte wird von kleinen Steckelementen fixiert. Die »Honeycomb Lamp« fügt sich weich um jede Lampenfassung. Das fein strukturierte Wabenpapier erzeugt unterschiedliche Lichteffekte, wobei das Papier dem Licht einen warmen Farbton vermittelt.

ROBERT J. LANG

/1 Scorpion varileg, opus 379   2000
Faltmuster
/2 Skorpion aus einem ungeschnittenen Quadrat Origami-Papier

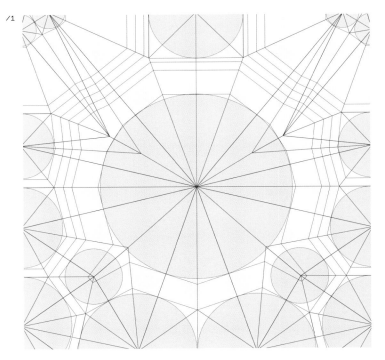

/1

/2

Die modernen Versionen des Origami sind
kaum mit dem alten japanischen Handwerk vergleichbar. Während traditionelle
Origami-Figuren in kurzer Zeit aus wenigen
Faltungen entstehen, benötigen moderne
Arbeiten mehrere Stunden oder gar Tage
und sind von erstaunlicher Komplexität. Der
Amerikaner Robert J. Lang beeinflusst die
Evolution des Kunsthandwerks maßgeblich.
Seit den Neunzigerjahren entwickelt er
geometrische und mathematische Faltstrukturen für seine Kunstwerke, die streng
nach dem Brauch des fu-setsu sei-hokkei
ichi-mai ori, der »Faltung aus einem ungeschnittenen Viereck«, entstehen.

Insbesondere Insekten gelten im Origami aufgrund ihrer feingliedrigen Füße und Fühler
als große Herausforderung. Mitte der Neunzigerjahre entwickelte Robert J. Lang ein
neues geometrisches Faltschema aus Kreisen
und wellenartigen Formen, das es ermöglicht, einen Grundkörper mit einer beliebigen
Anzahl von Extremitäten zu konstruieren.
Auch Hirsche, ein traditionelles Motiv im
Origami, und insbesondere deren Geweihe,
können dank dieser Methode präzise geformt
werden. Aus dem geometrischen Faltkonzept
entwickelte Lang das Computerprogramm
»Treemaker«. Das »Scorpion varileg, opus 379«
ist eine der ersten Origami-Arbeiten, die mit
»Treemaker« entwickelt wurden.

TOMÁŠ GABZDIL LIBERTINY

/1 **Paper Vases** 2007
Gedrechselte Vasen aus Papierblöcken
Serie aus fünf Vasen

/2 Drechseln der Paper Vase, 2007
Drechsler: Joost Kramer

/3 **Writing Table No. 3** 2007
Holz, Amerikanisches Walnuss-Furnier,
22.000 Paperstreifen, Stahl
200 × 80 × 77 cm

Was ist Natur? Ausgehend von dieser Frage-
stellung stellte Studio Libertiny bei seinem
Projekt »Paper Vases« den Produktionsprozess
von Holz zu Papier auf den Kopf. Siebenhun-
dert Blätter Papier, alle mit dem Motiv eines
Baums bedruckt, verklebte Tomáš Gabzdil
Libertiny zu einem kompakten, holzähnlichen
Block. Schließlich formte er diesen Werkstoff
mithilfe der traditionellen Holzverarbeitungs-
technik des Drechselns zu einer Vase. Durch
das Abtragen des Materials kam auch das
Baummotiv wieder zum Vorschein. Ein subti-
ler Hinweis auf den natürlichen Ursprung
des Papiers.

Ebenfalls aus Papier gestaltete Studio
Libertiny den »Writing Table No. 3«. Die
Tischoberfläche ist aus 22.000 Papierstreifen zusammengesetzt und nachträglich
fein abgeschliffen, wodurch eine weiche
Oberfläche entsteht. Die nachgiebige Papier-
platte erinnert an die Lederoberflächen alter
Tische und macht das Schreiben am Tisch
viel angenehmer. Das empfindliche Material
erhält durch die entstehenden Gebrauchsspuren schnell eine eigene Patina.

/2

/3

CJ LIM
/
STUDIO 8 ARCHITECTS

Seasons Through the Looking Glass   2007

Installation im Eingang zum U-Bahn-Tunnel am
Victoria & Albert Museum, London
Sandwich-Wabenplatten, recycelte Textilien

»Ein großer Rosenstock stand in der Nähe des Eingangs des Gartens; die daraus wachsenden Rosen waren weiß, aber drei Gärtner waren damit beschäftigt, diese rot anzumalen. Plötzlich fielen ihre Blicke auf Alice, die sie beobachtete«, heißt es in dem Märchen »Alice im Wunderland«.

Die Installation in der Londoner U-Bahn-Station South Kensington »Seasons Through the Looking Glass« war von der Passage inspiriert, wo Alice durch einen langen gewundenen Tunnel in einen unterirdischen Garten fällt. Und so pflanzte CJ Lim einen abstrakten, mit Rosenblüten besetzten Garten in den Tunnel, der seine Schatten auf das Deckengewölbe warf. Dabei handelte es sich um ein merkwürdiges Konstrukt, dessen Baumstamm und Zweige aus Wabenkernplatten bestanden, während die Blüten aus recycelten Textilien gearbeitet waren. Ein großer Spiegel am Eingang des U-Bahn-Tunnels reflektierte die Installation, wodurch sich der abstrakte Garten unendlich in einen fiktiven Raum zu erstrecken schien. Die Klänge von Vivaldis »Vier Jahreszeiten« untermalten die Installation musikalisch.

MAISON MARTIN MARGIELA
COLLECTION ARTISANAL

Fox Stole in Party
Paper Balls   2008

Fuchsstola aus 2.500 Papierbällchen in
verschiedenen Grautönen

Eine Fuchsstola war früher das Symbol für
ostentativen und übertriebenen Luxus.
Dieses Modell aus der Collection Artisanal
von Maison Martin Margiela spielt mit
der Bedeutung des Fuchses als teures
Objekt der Begierde. Die Stola besteht aus
2.500 Papierbällchen, die mit chinesischer
Tinte in unterschiedlichen Grautönen
eingefärbt und danach mit einer Web-
technik zusammengefügt wurden. Sie entstand – und darin besteht der eigentliche
Luxus – in rund 55 Arbeitsstunden von
Hand.

Der stark handwerkliche Charakter ist das
Markenzeichen der Collection Artisanal,
die Margiela als Antwort auf die luxuriösen
Roben der Haute Couture versteht. Seit
1989 verwandelt das Modehaus Textilien,
Accessoires und bestehende Kleidungsstücke
zu neuen, handgefertigten Kreationen.
Dazu nutzt Margiela Objekte vom Flohmarkt
oder aus Privatverkäufen und verarbeitet
sie zu Einzelstücken. Handwerkliche Details
wie etwa heraushängende Fäden unter-
streichen die Einzigartigkeit der Objekte.

MARCH STUDIO

Wie sieht die Welt auf der anderen Seite aus?
Wie wohnt man in China? Mit diesen Fragestellungen setzten sich 2007 die Kinder auf
dem australischen Awesome Arts Festival
in Perth auseinander. Als Projektions- und
Malfläche diente den Kindern das Pappmodell
eines traditionellen chinesischen Hauses
in Originalgröße, welches March Studio für
diesen Zweck entwarf. Auf der braunen Pappe
konnten die Kleinen ihre eigenen Bilder vom
chinesischen Leben zeichnen und malen.
Die Gebäude des »Pen Plan China« entstanden
für das Awesome Arts Festival in Perth in
Australien. Sie wurden komplett aus Karton-
komponenten konstruiert und stellen bereits
die zweite Installation der »Pen Plan«-Reihe
dar. Das erste Papphaus zum Thema Leben in
Europa »Pen Plan Paris« wurde 2006 aufgebaut.

Das Shopinterieur für das australische Kos-
metiklabel Aesop entstand ebenfalls aus
Pappe. In nur fünf Tagen ließen die Gestalter
aus den Transportboxen von Aesop eine
Bedienungstheke, Ausstellungsregale sowie
die östliche Wand des Verkaufsraumes
bauen. Das Interieur, ursprünglich nur als
temporäre Lösung gedacht, blieb aufgrund
der positiven Resonanz und der großen
Übereinstimmung mit den Markenwerten
von Aesop dauerhaft bestehen.

/1

/2

MIEKE MEIJER

Newspaper Wood   2008
Holzähnliches Material
Zeitungen, wasserlöslicher Klebstoff

Dass Papier aus Holz gefertigt wird, ist hin-
reichend bekannt. Nun kehrt die Holländerin
Mieke Meijer den Herstellungsprozess einfach um. Für ihr Projekt »Newspaper Wood«
rollte sie Papier- und Zeitungsabfälle dicht
zusammen und verband diese mit wasser-
löslichem Klebstoff, bis baumstammähnliche
Rollen entstanden. Schneidet man diese
Zeitungsblöcke auf, so werden die bedruckten
Papierschichten wie Jahresringe sichtbar,
was das Material noch sehr viel holzähnlicher
erscheinen lässt. Das »Zeitungsholz« kann
mit den üblichen Holzverarbeitungsmetho-
den wie Sägen, Fräsen, Hobeln und Schleifen
bearbeitet werden. Das Material »Newspaper
Wood« hat Mieke Meijer 2003 während ihres
Studiums an der Design Academy Eindhoven
erfunden und sie entwickelt es bis heute
weiter. Den aktuellen Stand des Projekts
präsentierte sie auf der Dutch Design Week
2008 in Eindhoven.

MIYAKE DESIGN STUDIO

→ siehe Materialien/Technologien #70

Pleats Paper Dresses   2008

Papierkleider aus dem Arbeitsprozess
zur Ausstellung »XXIst Century Man«
21_21 Design Sight, Tokio

Vor dem Hintergrund schwindender Ressourcen und zunehmender Umweltbelastungen
konzipierte Issey Miyake seine Ausstellung
»XXIst Century Man« am Museum 21_21
Design Sight in Tokio, die sich dem Menschen
und seinen künftigen Produktionsmethoden
widmete. Sie bot einen Ausblick in die Zukunft
beziehungsweise hinterfragte das Leben im
einundzwanzigsten Jahrhundert.

Issey Miyake, der auch Direktor des Museums
ist, arbeitete nicht nur als Kurator der Ausstellung, sondern entwarf auch selbst Objekte.
Bezüglich neuer Textilien ging er von der These
aus, dass in etwa fünfzig Jahren nur noch
Papier als letzte Faser verfügbar sein könnte.
Miyake und sein Team beschäftigten sich
deshalb sechs Monate lang mit verschiedenen
Papieren und Verarbeitungstechniken. In der
Ausstellung zeigten sie schließlich eine Installation aus Papier, die eine große Schlange
sowie acht Mädchen darstellte, die aus einem
japanischen Mythos entlehnt waren. Die hier
abgebildeten Kleider stellen Tests dar, die
während des Gestaltungsprozesses aus industriellem Packpapier entstanden. Ähnlich wie
die Textilien der Kollektion »Pleats Please«
wurde das Papier plissiert und von Hand
verarbeitet.

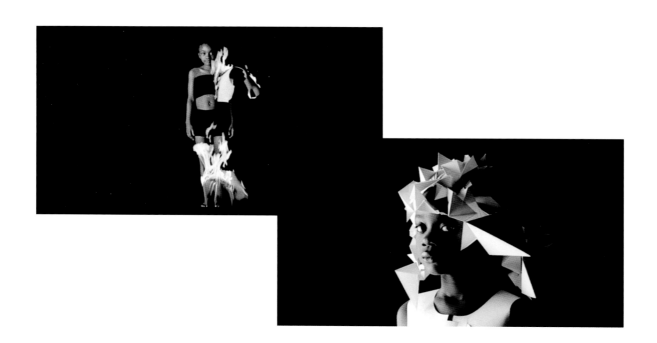

MIYAKE DESIGN STUDIO
&
MARCUS TOMLINSON

Pen to Paper   2008

Videostills aus dem Film »Pen to Paper«
Für Issey Miyake Fête

In der Filmtheorie wird das Filmerlebnis gerne mit einem Traum verglichen. Auch Marcus Tomlinson liebt das Spiel mit traumartigen Sequenzen. Seine Arbeiten haben sich von den ersten stimmungsvollen Aufnahmen für Modemagazine bis hin zu Filmen und Installationen stetig weiterentwickelt. Gerne greift er auf optische Tricks beziehungsweise Filmtricks zurück, um seine Traumwelten zu inszenieren. So auch beim Film »Pen to Paper«, den Marcus Tomlinson für das Miyake Design Studio erstellte. Hier zeigt er Kinder in schlichten Papierkleidern, welche sich auf spielerische Art transformieren. Das Unmögliche wird plötzlich möglich. So wächst ein Cape zu einer riesigen Blüte über den Kopf, surreale Strukturen wuchern als Origami-Figuren auf dem Haar. Ein Kleid geht unvermittelt in Flammen auf, wobei das Kind natürlich unversehrt bleibt. Die statischen Posen bilden einen extremen Gegensatz zu dem romantischen Look der Kinder. Dies lässt die Filmsequenz als surreale Träumerei erscheinen, die der Mode eine ganz neue Perspektive eröffnet.

MOLO DESIGN

→ siehe Materialien/Technologien #56

paper softwall   2003
Raumtrenner aus Wabenpapier
30 × 183 × max. 500 cm

Zu Wabenstrukturen verklebtes Papier ist erstaunlich stark und widerstandsfähig. Diese Tatsache nutzten Stephanie Forsythe und Todd MacAllen für ihre Sitzmöbelserie »softseating« und entwarfen Elemente, die zu Hockern, Sitzbänken und Lounge-Sesseln aufgefächert werden können. Zu dieser Produktlinie gehört auch die »Paper softwall«, eine freistehende Trennwand, die nach Belieben vergrößert, verkleinert und verformt werden kann. Der Raumtrenner ist im geschlossenen Zustand nur fünf Zenti-meter dick und kann bis zu einer Länge von fünf Metern aufgefächert werden. »Paper softwall« ist aus einem feinen Wabenpapier gearbeitet und an den Enden mit Wollfilz verstärkt. Die »soft«-Produkte sind nicht als Wegwerfartikel gedacht. Das Wabenpapier verändert mit der Zeit seine Eigenschaften, es wird weicher an Ecken und Kanten und die Gebrauchsspuren ergeben eine natürliche Patina. Dank der Wabenstruktur bleibt die Stabilität der Objekte stets erhalten.

NENDO

→ siehe Materialien/Technologien #70

Cabbage Chair   2008

Sessel aus plissiertem Papier
Ausstellung »XXIst Century Man«
21_21 Design Sight, Tokio

Kein anderer als Issey Miyake, der Großmeister des Plissees und Erfinder der Modelinie »Pleats please«, regte den Gestalter Nendo zu seinem Entwurf an. Es war dem wohl berühmtesten Modedesigner Japans ein Anliegen, dass aus dem Papier, das beim Plissieren auf Textilien aufgelegt wird, um sie vor Bügelglanz zu schützen, neue Produkte entstehen. Denn bisher wurde es als Abfallprodukt einfach entsorgt. So entwickelt Nendo aus einer Rolle von harzgetränktem Plisseepapier den sogenannten »Cabbage Chair« durch einfaches Auffächern der einzelnen Schichten. Im Produktionsprozess wird dem Papier Harz beigefügt, wodurch es widerstandsfähig und formbeständig wird. Beim »Cabbage Chair« verhilft das Harz zu einem komfortablen Sitzerlebnis.

Der »Cabbage Chair« entstand für die ebenfalls von Issey Miyake initiierte Ausstellung »XXIst Century Man« in Tokio. »Dieser primitive Entwurf soll sowohl auf aktuelle Produktions- und Vertriebsmethoden reagieren als auch ein Ausdruck von ökologischen Gedanken sein. Themen, die den Menschen im einundzwanzigsten Jahrhundert beschäftigen«, kommentiert Nendo seinen Entwurf.

NICOLA FROM BERN

Foldschool   2007

Kindermöbel aus Wellkarton zum Selbermachen

Der Zwischenhandel und die aufwendigen
Herstellungsverfahren der Möbelindus-
trie machen Designmöbel teuer. Für Kinder-
mobiliar mit kurzer Lebensdauer ist dies
wenig sinnvoll, dachte sich der Schweizer
Architekt und Designer Nicola Enrico Stäubli.
Aufgrund dieser Überlegung entwickelte er
die Serie »foldschool«, Pappmöbel für Kinder.
Das Schnittmuster hierzu sowie die Bau-
anleitung können Interessenten via Internet
kostenlos herunterladen. Mit einfachen Hilfs-
mitteln wie Cutter, Lineal, Sprühkleber,
Leim, Pappe und Klebeband kann man die
Möbel selbst zusammenbauen.

Wellpappe eignet sich als Material für
Kindermöbel nicht nur aus Kostengründen,
sondern auch, weil sie weich und leicht
ist und bemalt werden kann. Zudem lassen
sich die ausgedienten Stücke einfach als
Altpapier entsorgen.

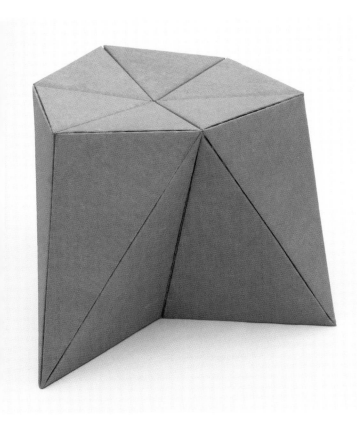

JENS PRAET

One Day Paper Waste   2007

Beistellisch aus geschredderten Dokumenten
und Kunstharz
70×85×40 cm

Die enormen Mengen von Papiermüll, die
im Büroalltag anfallen, fand Jens Praet
so erschreckend, dass er sie einer neuen
Nutzung zuführen wollte. In seinem Projekt
»One Day Paper Waste« verwandelte er
unbrauchbare Dokumente in wertvolle und
nützliche Objekte. Dazu mischte er Papier-
schnitzel geschredderter Dokumente mit
Harz. Diese Mischung presste er anschließend in eine Gussform und ließ sie zu
stabilen Objekten aushärten. Das Papier-
Harz-Komposit ist von holzähnlicher Festigkeit und weist eine einzigartige Ästhetik
auf. Durch Praets Recycling-Projekt kehrt
der Büroabfall als funktionsfähiges Möbelstück ins Büro zurück und macht auf
nützliche Weise sinnfällig, wie leichtfertig
wir im Allgemeinen mit Papier umgehen.

2007 fertigte Jens Praet »One Day Paper
Waste« in Form einer Kommode. Daraufhin
erhielt er die Einladung, für EatDrinkDesign
auf der Dutch Design Week in Eindhoven
einen kleinen Tisch aus dem Material zu
gestalten. Dieser wurde 2008 in die Kollektion von Droog Design aufgenommen und
in der Ausstellung »A Touch of Green« auf
der Möbelmesse in Mailand präsentiert.

PRIESTMAN GOODE

Post a phone 2007

Konzept für ein Einweg-Telefon
DIN-A5-Format, h: 4mm

»Post A Phone« ist ein neues Konzept für
ein schlichtes und preiswertes Festnetztelefon, welches wie eine Musikpostkarte
per Post versandt werden kann. Die Entwicklung des Londoner Designbüros Priestman
Goode beruht auf der Beobachtung, dass
Telefone immer mehr als modische Wegwerfartikel betrachtet werden. Warum also
wertvolle Ressourcen für so ein kurzlebiges
Objekt verschwenden?

Das preiswerte »Post A Phone« bestünde
aus recycelbarem Karton und wäre nur mit
einem Minimum an Technologie versehen.
Zur geplanten Ausstattung gehören besonders flache Komponenten wie etwa eine
Folientastatur, ein teilbarer Stecker und ein
speziell angepasstes Kabel, die eine Gesamt-
höhe von nur vier Millimetern gestatten.
Das schlichte Festnetztelefon lässt sich in
einem A5-Umschlag versenden und kann
einfach aus dem Umschlag gedrückt und ans
Stromnetz angeschlossen werden. Leider
ist das »Post A Phone« nur ein Konzept und
noch längst nicht Realität.

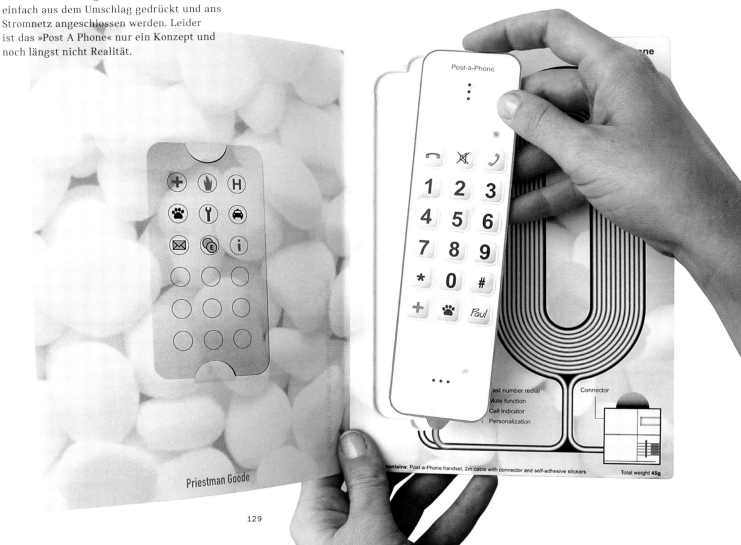

HEATHER RASMUSSEN

/1 **Untitled** 2008

(M/V Ital Florida, Italien, Juli 2007)
C-Print
76,2×101,6 cm

/2 **Untitled** 2008

(M/V Excelsior, Köln, März 2007)
C-Print
76,2×101,6 cm

/3 **Pier J Los Angeles, California** 2007

(Google Satellite Photograph, 3/39/2004, 1"=1'-0')
Fotokarton auf Papier
304,8×762×15,2 cm
Installationsansicht

/1

»Seit Jahren fotografiere ich den Hafen von Los Angeles. Ich bin fasziniert von den Volumen der Schiffcontainer, die den Raum dort belegen, wie sie gestapelt und arrangiert sind und wie ihre Farben und Formen an Kinderspielzeug erinnern«, erklärt Heather Rasmussen ihre Arbeit »TransportTransform«. Für ihre Recherche untersucht Rasmussen Satellitenbilder des Hafens, baut maßstabsgetreue Papiermodelle der Container und fertigt Diagramme, welche bei der Gliederung der Aufnahmen helfen sollen. Rasmussen platziert die Papiercontainer nach dem Satellitenbild und macht schließlich die Aufnahmen. Die Serie »Destruct-Construct« führt diese Idee der Bildchoreografie noch weiter. Sie basiert auf Aufnahmen von Unfällen oder Missgeschicken bei der Containerverschiffung, wenn etwa bereits aufgeschichtete Behälter abrutschen. Hier funktionieren die gefundenen Aufnahmen wie Handlungsanweisungen, nach denen die zerstörten Container platziert werden. Durch den fehlenden Kontext, den weißen Hintergrund und das verwirrende Größenverhältnis nimmt der Betrachter die Papierobjekte nicht mehr als Container wahr, sondern als abstrakte Formen.

/2

RAW-EDGES

/1 Volume   2008

Maßgeschneiderte Stühle
Papier, PU-Schaum

/2 Herstellungsprozess
Formstudien, Vorfalzen der Linien,
Zusammenfalten der Form, Füllen der Hülle
mit frisch angemischtem Polyurethan

Wahrhaft »maßgeschneiderte Möbel« haben
die Designer Yael Mer und Shay Alkalay
von Raw-Edges entwickelt: Ähnlich wie Kleidungsstücke fertigen sie ihre Sessel- und Sofa-
serie »Volume« nach Schnittmustern aus
Papier. Und fast wie bei einem Maßschneider
lässt sich auch das Volumen des handgefertigten Sessels nach Bedarf anpassen.   /1

Zu Beginn übertragen die Designer hierzu
das gewünschte Schnittmuster auf Papier
und schneiden es aus. Nachdem die Faltlinien
vorgefalzt sind, kann das Papier dann dreidimensional zu einer Papierform gefaltet und
zusammengeklebt werden. Später mischen
die beiden einen Zwei-Komponenten-Polyure-
thanschaum an, der durch ein Loch im Boden
in die Form gegossen wird. Der Hohlraum füllt
sich langsam mit dem Polyurethanschaum.
Nach zehn Minuten ist der Schaum vollständig
expandiert und verfestigt. Der Sessel kann
benutzt werden.

TOBIAS REHBERGER

_{/1} **Kaputte Zwergenmutter 13**   2004

Papier, Montageschaum, Draht, Holz
87 × 35 × 28 cm
Courtesy neugerriemschneider, Berlin

_{/2} **Kaputte Zwergenmutter 7**   2004

Papier, Montageschaum, Draht, Holz
99 × 58 × 63 cm
Courtesy neugerriemschneider, Berlin

_{/3} **Mother Dying V**   2004

Holz, Draht, Klebeband, Papier
Größen variieren
Courtesy Galerie Bärbel Grässlin,
Frankfurt am Main

_{/4} **Kaputte Zwergenmutter 17 + 16**   2004

Papier, Montageschaum, Draht, Holz
Nr. 17: ca. 117 × 27,5 × 27 cm
Nr. 16: ca. 96 × 31 × 27 cm
Courtesy Galerie Bärbel Grässlin,
Frankfurt am Main

Der deutsche Bildhauer Tobias Rehberger
war einer der ersten Künstler, die typische
Fragestellungen des Designs, wie etwa
nach Funktionalität oder Emotionalität, in
die Kunst einführten. Ein Wagnis. Schließlich galt im Kunstbetrieb die sogenannte
angewandte Kunst als bloße Dekoration
beziehungsweise als ein inhaltsloses Anbie-
dern an die Anforderungen des Marktes.
Rehberger setzt sich über die Vorurteile
hinweg. Seine Installationen und Entwürfe
nehmen den aktuellen Zeitgeist auf und
hinterfragen ihn gleichzeitig. In seinen
Augen ist die Verunsicherung der »beste
Kick für die Kunst«.

Ausgangspunkt für die Skulpturengruppe
der »Kaputten Zwergenmutter« bildete
die Einladung zu einer Gruppenausstellung
mit dem Titel »Suburban House Kit«. Für
die Ausstellung im Jahre 2004 bei Deitch
Projects in New York schuf Rehberger
diese Serie verschieden großer Origami-
Blumen. Die fröhlich-bunten Pflanzen
erinnern an vorstädtische Gärten, doch
bei genauem Hinsehen entdeckt man
geknickte Blätter und Brandspuren, was
den Blumen eine leicht morbide Aura
verleiht.

_{/1}

_{/2}

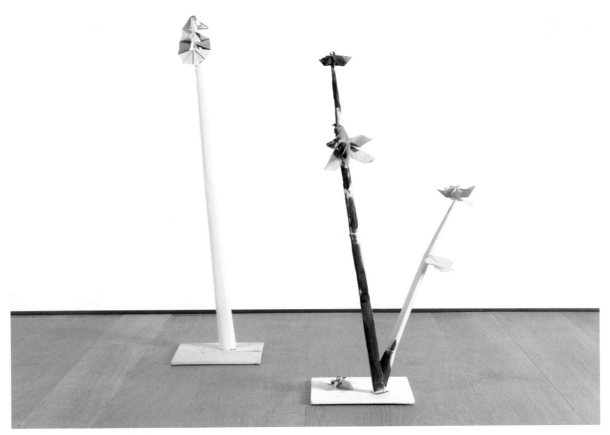

RON RESCH

→ siehe Materialien/Technologien #75

/1 **Acoustical Panel**   1979

Prototyp aus Wellpappe
Akkustische Wandpanelen für die
Showscan Film Corporation
Amerikanisches Patent, 1983

/2 **Basic Triangle Fold**   1967

Installation
»Made With Paper Show«,
Museum of Contemporary Craft, New York
Courtesy of the American Craft Council Library

/3 **Ron Dancing with
Paper Fold**   1959–1961

Ein Papierbogen, gefaltet mit repetitiven
Dreieckfaltmustern
Courtesy of the American Craft Council Library

/4 **Folded Square
Module**   1959–1961

Module aus gefalteten Quadraten

/5 **Tetra Ball**   ca. 1970

Modul aus runden Faltlinien

Als Ron Resch mit seinen Faltexperimenten
aus Papier begann, suchte er zunächst nach
besonders stabilen und ästhetisch anspruchs-
vollen Lösungen. Schließlich entwickelte
er 1961 modulare Modelle, die er »gefaltete
Mosaikmuster« nannte und die heute als
Tesselation-Origami bekannt sind. Die modularen Muster können aneinandergefügt
werden und erlauben eine beliebige Wieder-
holung innerhalb eines Papierbogens. Diese
Faltungen lassen sich zu unzähligen Formen
verarbeiten, wie beispielsweise Domgeome-
trien. Während diese Entdeckung schon bald
anhand von Papiermodellen gezeigt werden
konnte, war eine präzise Berechnung dieser
komplexen dreidimensionalen Strukturen
erst ab 1971 möglich. Damals entwickelte
Resch an der University of Utah ein Computerprogramm, welches es ihm ermöglichte, eine
beliebige Raumkurve in eine Faltkante um-
zusetzen. Das neuartige Programm erlaubte
sowohl die Übersetzung von zweidimensionalen Kurven in runde dreidimensionale
Faltungen als auch die Visualisierung der
dreidimensionalen Form.

Ron Reschs innovative Faltungen eignen sich
für unterschiedliche Einsatzgebiete. Er entwickelte sowohl enorm belastbare Transport-
paletten aus Pappe als auch akustische
Wandpaneelen, wobei jedoch seine architektonischen Strukturen zu seinen wichtigsten
Entwicklungen zählen.

/1

RO&AD ARCHITECTEN

A Cardboard Suit for
Scherpontwerp   2007

Büroeinrichtung aus Pappe
Gemeinschaftsbüro von Scherpontwerp und
De Boekenmakers Verlag, Eindhoven

Als im Jahr 2005 das Grafikbüro Scherpontwerp und der Verlag De Boekenmakers im Stadtzentrum von Eindhoven einen neuen Büroraum für die Dauer von nur fünf Jahren anmieteten, baten sie RO&AD Architecten um einen Entwurf. Schon aufgrund der kurzen Mietzeit war nur ein knappes Budget vorhanden, und Ad Kil und Ro Koster standen vor der Herausforderung, mit wenig Geld einen rund zweihundert Quadratmeter großen Raum zu gestalten.

Die auf Nachhaltigkeit bedachten Gestalter entschieden, dass aufgrund der kurzen Mietdauer der Einsatz von recyclebaren Kartonwabenplatten sinnvoll wäre. Das formbeständige und relativ preiswerte Material lässt sich leicht auf- und abbauen. Ein Anstrich mit transparentem Acryllack schützt die Elemente vor Beschädigung, zusätzlich sorgt eine feuerhemmende Beschichtung der Bauteile für den nötigen Brandschutz. Außerdem wirkt die Wabenstruktur des Materials schalldämmend.

Darüber hinaus hatten sich RO&AD zum Ziel gesetzt, das Büro klar zu strukturieren. Der offene Raum wurde beibehalten und nur von einem langen Tisch durchzogen. Arbeitsnischen aus Wabenplatten sowie kleinere Besprechungsräume, Bücherregale und begehbare Wandschränke umgeben heute den großzügigen Besprechungsraum.

MARINE ROUIT

<u>Oto</u> 2008

Wandradio
Formgepresste Zellulose, Audio-Vibrator
Radioempfänger, Antenne

Neue Technologien, insbesondere elektronische Geräte, dominieren unseren Alltag.
Doch wie kann man den kühlen, abstrakten
Technologien einen lebendigeren und
empfindsameren Charakter verleihen? In
ihrer Diplomarbeit an der ENSCI in Paris
versuchte Marine Rouit mithilfe von Papier,
elektronischen und technologischen Produkten eine sinnlichere Note zu verleihen. Damals entstanden drei Objekte: die
hinterleuchtete Papierwand »Akari«, das
digitale Notizheft »Kuro« sowie das hier
gezeigte Wandradio »Oto« aus formgepress-
ter Zellulose. Das Formteil ist aber nicht
nur Abdeckung für die Elektronik, sondern
dient sogleich als Klangresonator. In das
Gerät integriert sind ein Radioempfänger,
ein Audio-Vibrator, eine Batterie sowie
eine Antenne. Die Oberfläche von »Oto« ist
berührungsempfindlich. Dies erlaubt es
dem Nutzer, durch einfaches Berühren der
ähnlich wie Brailleschrift strukturierten
Oberfläche die Lautstärke zu regulieren.

ADRIENNE SACK

Hyperbolic Heptagonal Structure 2007

Origamistudien zur Veranschaulichung
mathematischer Funktionen

Papier, Klebstreifen

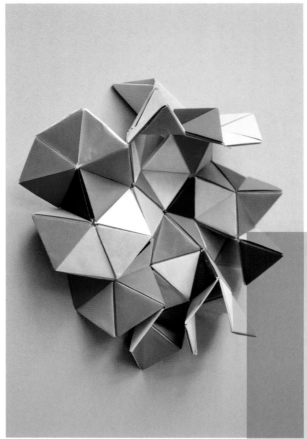

Die Origami-Künstlerin Adrienne Sack wollte
herausfinden, ob ihre lebenslange Obsession
für Origami ihr auch etwas über Mathematik
beibringen könne. Sie versuchte die Hyper-
belfunktion mithilfe eines Origami-Modells
besser zu verstehen. Nach Anleitung durch
einen Mathematiker gelang es ihr, die Funktion zu veranschaulichen, indem sie sieben
gleichseitige Dreiecke an ihren Eckpunkten
verband. Schließlich folgte sie auch dem
Vorschlag eines anderen Profis und verband
mehrere Sechsecke mit einem gleichseitigen
Dreieck, wodurch eine flexible Struktur entstand. Anhand dieser Versuchsreihen begann
Adrienne Sack zu verstehen, wie geometrische Formen aus Dreiecken aufgebaut werden
können. Schritt für Schritt übersetzte sie
diese Erkenntnisse in Origami-Faltungen. Die
hyperbolische Oberfläche faltete sie schluss-
endlich aus einer selbst entwickelten Struktur von Dreiecken. Entgegen der Grundregeln
des Origami fertigte Adrienne Sack das
Modell aus mehreren Papieren. Das endlose
Gebilde, welches die mathematische Theorie
veranschaulicht, stellt trotz des Regelbruchs
ein beeindruckendes Origami-Werk dar.

INGA SEMPÉ

→ siehe Materialien/Technologien #45

/1 **Lampe Extensible** 2001

Prototyp einer Lampe
Die Lichtintensität wächst mit
der Größe der Leuchte
Reißfestes Papier, Metallstruktur
40 bis 180 cm

/2 **Double Stray** 2008

zusammenklappbarer Lampenschirm
Tyvek, Metall
33 × 29 × 29 cm
Hersteller: Artecnica

Inga Sempé liebt Falten. Ihre Leuchten aus
plissierten Textilien für Cappellini haben
sie international bekannt gemacht. Dabei
benutzt Sempé für die Umsetzung ihrer ersten Prototypen gerne Pappe, da sie sich gut
falten lässt und zudem sehr preiswert und
einfach verfügbar ist. »Double Stray« ist ihr
erstes Produkt, das auch im Endresultat aus
Papier beziehungsweise Tyvek, produziert
wird. Die in Anlehnung an chinesische
Laternen entstandene, flexible weiße Decken-
leuchte lässt sich flach verpacken und wie
eine Ziehharmonika entfalten. Das durch die
feinen Tyvek-Streifen scheinende Licht
erzeugt außerdem ein abwechslungsreiches
Moirémuster.

Auch die »Lampe Extensible« funktioniert
nach dem bewährten Prinzip der Ziehharmonika. Sie lässt sich dank einer flexiblen
Metallstruktur im Innern der Leuchte von
40 auf 180 Zentimeter ausziehen. Dabei
nimmt nicht nur die Größe der Leuchte zu,
sondern auch deren Lichtintensität. Die
innovative Leuchte existiert vorerst nur als
Prototyp aus reißfestem Papier.

/1

CYGALLE SHAPIRO

NurtuRing 2008
Pressform für Pappteller

»NurtuRing« besteht aus einer Bronzeschale
sowie einer Steinmulde in passender Nega-
tivform. Gemeinsam funktionieren sie als
Pressform für Pappschalen. Papier, feiner Karton oder Pflanzenblätter können nass in die
Form eingelegt und zu Schüsseln oder Tellern
gepresst und getrocknet werden. Die Bronzeschale ist ein Gebilde aus drei ineinan-
derfließenden Tellerformen und ermöglicht
unterschiedlich große Abdrücke. So können
formverwandte Salatschalen, Suppenschüs-
seln und weite Teller gepresst werden.
Daneben ist die Bronzeschale ebenso als
Servierplatte nutzbar.

»NurtuRing« ist die Abschlussarbeit von
Cygalle Shapiro an der Design Academy Eindhoven. Das Produkt ist inspiriert von den
industriellen Prozessen des Formpressens
und adaptiert diese für eine simple Herstellung von Papptellern zu Hause. So kann
auf handwerkliche Weise ein umweltver-
trägliches Wegwerfgeschirr in interessanten
Formen hergestellt werden.

SOUNDS OF SILENCE

Whim!   2009
Installation aus 600 Kartonquadern in 11 Farben
Fotokarton, Klebeband
saasfee*pavillon, Frankfurt am Main

Sounds of Silence, das Label der beiden Frankfurter Gestalterinnen Petra Eichler und Susanne Kessler, war bisher für ruhige poetische Installationen bekannt. 2006 bestand ihre erste Arbeit aus elf riesigen, handgefertigten Scherenschnitten und stellte eine Waldlichtung dar. Die in einem alten Frankfurter Kino gezeigte Raum-inszenierung war als Einladung an die Besucher gedacht, jenseits der städtischen Geräuschkulisse zu entspannen.

Im Jahr 2009 sind sie mit einer streng kubi-schen Installation in die Frankfurter Innen-stadt zurückgekehrt. Von Ruhe keine Spur. Im saasfee*pavillon, einer temporären Galerie, zeigten die beiden unter dem Titel »Whim!« bunte und sich wild überlagernde Kartonquader. Wie Kristalle überwucherten die unregelmäßigen und ineinander ver-schachtelten Würfelkonfigurationen Wände und Decke. Natürlich gibt es für so eine höchst individuelle Arbeit keine maschinelle Unterstützung. Die immerhin 600 Bogen DIN-A1-Fotokarton und die rund 1.500 Meter Klebeband wurden von Hand in zwanzig Tagen Faltarbeit zu der großzügigen Raum-installation aufgebaut.

MARIO STADELMANN

→ siehe Materialien/Technologien #64

Paperchair   2008

Stühle mit formgepressten Sitzschalen
Recycelte Zeitungen

Vor der Entwicklung des »Paperchair« stand
der Wunsch von Mario Stadelmann, aus
recycelten Zeitungen ein besonders leichtes
Möbelstück mit einer relativ kurzen Lebensdauer zu gestalten. In einer umfangreichen
Materialrecherche entwickelte Stadelmann
einen sehr energiearmen Produktionsprozess, der von der natürlichen Bindekraft
der Zellulose profitiert. Die Sitzschale des
»Paperchair« wird aus einer Mischung
von recycelten Zeitungen mit Wasser, Bindemittel und Farbpigmenten formgepresst.

Der Schweizer Designer betrachtet Materialien nicht nur als passive Hilfsmittel, sondern
verhilft ihnen zu einer zentralen Rolle im
Designprozess. So absorbiert und speichert
die Materialmischung Wärme und weist im
Gegensatz zu ihrer Leichtigkeit die Ästhetik von schwerem Beton auf. Im Vergleich zu
Sitzschalen aus Kunststoff ist das Material zweifellos weniger dauerhaft und ohne
Versiegelung auch feuchtigkeitsempfind-
lich. Doch vermittelt der raue Charakter des
Materials dem Produkt einen temporären
Charakter, welcher darauf hindeutet, dass
der »Paperchair« nach einer gewissen
Nutzungszeit wieder dem Recycling zuge-
führt werden kann.

DIANE STEVERLYNCK

Cardboard Covering   2001–2007

Decke
Gebrauchte Pappe, Leinenfutter
Unterschiedliche Größen

Dass das Thema Recycling durchaus auch auf
poetische Art und Weise umgesetzt werden
kann, zeigen die »Cardboard Coverings« der
belgischen Gestalterin Diane Steverlynck.
Farbe und Oberfläche dieser Decken erinnern
nicht ohne Grund an braune Pappkisten, denn
sie sind tatsächlich aus wiederverwendeter
Wellpappe entstanden. Diane Steverlynck hat
das eigentlich sehr steife und »ungemütli-
che« Material in ein erstaunlich weiches und
geschmeidiges Textil verwandelt. Die Grafik
der ehemaligen Verpackung blieb sichtbar
und erinnert daran, dass die Decke einst eine
Verpackung war. Die typischen Funktionen
einer Pappkiste übernimmt nun die Decke,
wenn auch in einem anderen Kontext. Auch
die Decke isoliert, schützt, und auch sie ist
einfach zu transportieren.

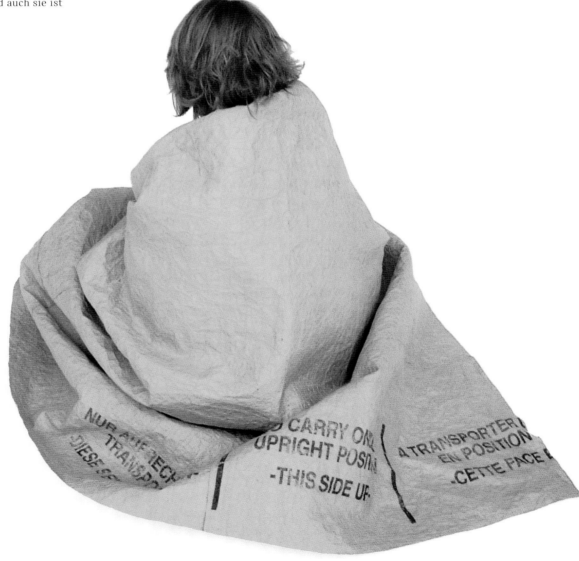

TOMMY STØCKEL

/2

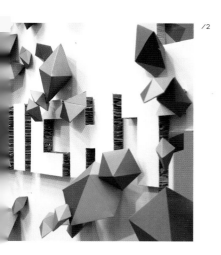

/3

»Ist das Leben nicht schön?«, fragt der dänische Künstler Tommy Støckel in einer Ausstellung im Frankfurter Kunstverein. In der raumübergreifenden Installation vermengt Støckel die strengen Formen der Moderne mit den vereinfachten Bildwelten computergenerierter Realitäten, wodurch ein minimalistischer Futurismus entsteht.

Manchmal trifft dieser neue Futurismus auch auf eine weniger perfekte Zukunft und endet im Zerfall. Doch dieser wertet die Arbeit nicht etwa ab, sondern bringt eine überraschend romantische Dimension in die Installation, indem spannende Arrangements scheinbarer Abfälle entstehen oder plötzlich gar pflanzenartige Gebilde auf dem vermeintlichen Müll gedeihen.

Die Arbeit hätte dennoch einen streng belehrenden Unterton, wäre da nicht diese besondere Präzision, die den handgemachten Pappobjekten eine gewisse Ironie vermittelt.

SHINJI SUZUKI

&

TAKUO TODA

/1 Orispace 2008
Papierflieger fürs Weltall
Fortlaufendes Projekt der Universität Tokio,
Abteilung für Raumfahrt

/2 Takuo Toda, 2008
Der Origami-Meister und sein Flieger »Orispace«

»Papierflieger aus dem Weltraum abgeworfen.«
Es klingt wie der Traum eines kleinen Jungen
und doch könnte er bald Realität werden.
Der japanische Wissenschaftler Shinji Suzuki
und sein Team an der Universität in Tokio
forschen derzeit an »Orispace«, einem Papierflieger, der aus dem Weltall zur Erde segeln
soll. Gemeinsam mit dem Präsidenten des
japanischen Verbands für Origami-Papierflie-
ger, Takuo Toda, wollen die Ingenieure einen
Papiergleiter entwickeln, der vom All aus
zur Erde zurückkehren kann. Doch wie soll
ein Papierflieger den Wiedereintritt in die
Atmosphäre überstehen, ohne zu verbrennen?

Entscheidend ist dabei die Geschwindigkeit.
Doch dank der langsamen Sturzgeschwin-
digkeit von »Orispace« kann die extreme
Reibungshitze beim Fall durch die dichten
Schichten der Atmosphäre vermindert wer-
den. Dabei dient Spezialpapier aus Zucker-
rohrfasern als Baumaterial für den Gleiter.
Dessen besonders lange Fasern sind mit
Silikonmolekülen versehen, die das Papier
schwer und fest werden lassen, wobei die
Moleküle das Papier bei etwa 220 Grad C
noch zusätzlich stabilisieren. Silizium ver-
leiht dem Material zusätzliche Härte und
Festigkeit. Für die Stabilität bricht Toda
sogar die eisernen Regeln des Origami:
Er verarbeitet mehrere Klebestreifen in dem
Flieger. Erste Tests im Windkanal sollen
bereits erfolgreich verlaufen sein.

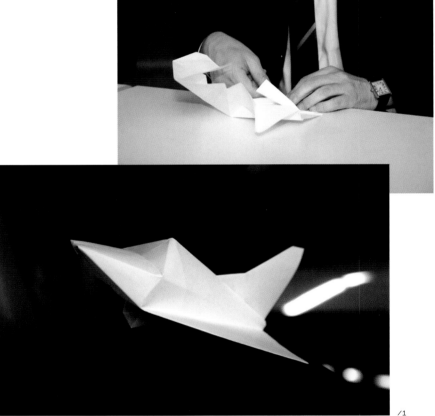

/1

RICHARD SWEENEY

→ siehe Materialien/Technologien #17

/1 Beauty 2007

Papierobjekt
Fotografische Auftragsarbeit für den
Jahresbericht des Strategic Hotels

/2 Luxury 2007

Papierobjekt
Fotografische Auftragsarbeit für den
Jahresbericht des Strategic Hotels

/3 Lazerian 2008

Papierhund
Geplottetes 3D-Modell, Karton
90 cm hoch

Surface 2007

/4 Aufbau der Pappstruktur in der
ehemaligen Tabakfabrik, Lucca

/5 Installation auf der
Piazza Cittadella, Lucca

Wellpappe, wetterfest beschichtet (PVA)
400 × 200 × 200 cm

Festival of Arts »Cartasia«
in Lucca, Italien

Bei Materialexperimenten entdeckte Richard
Sweeney sein Interesse an Faltungen aus
Papier. Sweeney kombiniert repetitive Geometrien und Faltmodule mit computerge-
stützten Entwurfs- und Fertigungstechniken.

»Surface« ist eine temporäre Kartonskulptur,
die Richard Sweeney 2007 für das Kunst-
festival Cartasia in Lucca, Italien gestaltete.
Dazu kombiniert er Wellpappe, ein in seinen
Augen unterschätztes Material, mit einer
durch CAD entwickelten Form, die aus Scheiben überkreuzend zusammengesteckt wird.
Versiegelte Kanten und eine PVA-Beschich-
tung machen die Teile wasserfest.

/2

Auch zusammen mit Liam Hopkins entwickelt
Richard Sweeney einige Objekte. Nur zu Probe-
zwecken sollte aus Pappe der »paper dog«
entstehen. Das Testobjekt für einen neuen
Schneidplotter sollte zugleich auch das
Maskottchen für Hopkins' Label »Lazerian«
werden. Da die zu testende Maschine aber
zu schwach war, um das dicke Papier zu
schneiden, wurden die CAD-Daten zwar
per Plotter auf das Papier übertragen, aber
dann von Hand ausgeschnitten. Die stark
facettierten Einzelteile falzte Sweeney vor
und verband sie schließlich mit Heißkleber.
Die dreieckförmigen Klebestellen vermitteln der Skulptur zusätzliche Stabilität. Der
neunzig Zentimeter große Hund hat noch
keinen Namen.

TT:NT

→ siehe Materialien/Technologien #78

All Year Rings   2008

Faltbarer Papierschmuck
Lasergeschnitten und -graviert
auf texturiertem Papier

Lasst Blumen sprechen! TT:NT, die beiden in London ansässigen Thailänderinnen Tithi Kutchamuch und Nutre Arayavanish haben sich mit der besonderen Symbolik bestimmter Blumen beschäftigt und dazu eine Kollektion von zwölf faltbaren Ringen aus Papier gestaltet. Die floralen Motive der Ringe leiteten sie von den zwölf Blumen ab, die, so nehmen die beiden an, schon zu Römerzeiten den Monaten zugeordnet wurden. So steht etwa die Chrysantheme für den Monat November, während man sich im Dezember unbedingt mit Orchideen schmücken sollte.

Die »All Year Rings« wurden per Lasercut in einen Bogen Pappe (200 g/m²) geritzt. Die Kundin erwirbt die Ringe als Papierbogen und kann so jeden Monat den entsprechenden Blumenring selbst entnehmen und falten. Darüber hinaus sind auch Geburtstagskarten erhältlich, aus denen sich jeweils ein Ring mit der entsprechenden Blume des Monats entnehmen lässt.

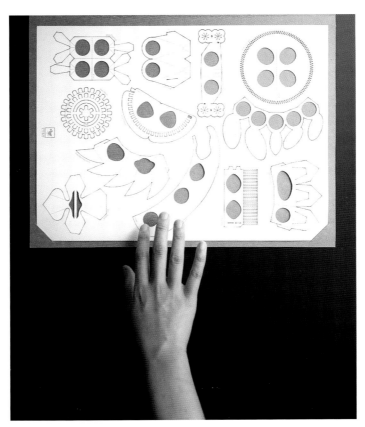

ROB VOERMAN

Real Estate 2006

Installation in der 2YK-Galerie, Berlin
Pappe, Plexiglas und andere Materialien
210×500×500 cm
Courtesy Upstream Gallery

Mit seinen improvisierten Hütten aus Karton-
und Holzabfällen schafft der niederländische Künstler Rob Voerman eine Welt fern
jeglicher Normen. So besteht Voermans
Konstrukt »Real Estate« größtenteils aus
gebrauchten Pappkartons, die durch ihre
primitive Verarbeitung an einfache Obdach-
losenbehausungen erinnern. Doch gelangt
man in den höhlenartigen Innenraum, entsteht ein anderer Eindruck. Dort entpuppt
sich die scheinbar chaotisch angelegte Hütte
als durchdachtes Gebilde mit kreativem
Arbeitsbereich und einladender Bar. Diese
Welt des Rückzugs scheint hier vielmehr
bewusster Gegenentwurf als Ausdruck der
Armut zu sein. Sie erinnert an die improvisierten Fantasiebauten der Hippies, die sich
ebenfalls von der hoch technisierten west-
lichen Welt abwenden wollten. Durch ein
großes Fenster kann der Besucher aus der
Hütte in den Ausstellungsraum blicken,
doch erlaubt dieses Fenster auch Blicke in
die Hütte und auf deren Besucher. Diese
Wechselwirkung von privat und öffentlich
weist auf die gesellschaftskritische Kompo-
nente von Rob Voermans Skulpturen hin.
In einer Welt, in der Terror und Angst vor
dem Unbekannten zum Alltag gehören,
nehmen auch das Schutzbedürfnis und der
Wunsch nach Intimität zu.

WORK AC

Public Farm One   2008

Installation im PS1, New York

Das PS1 ist ein Ausstellungsraum für experimentelle Interventionen und gehört zum MoMA in New York. Die Institution lädt jeden Sommer Künstler und Architekten ein, Interventionen in ihrem Innenhof zu gestalten. Die Architekten offerieren hier Schatten, Sitzgelegenheiten sowie Wasser und bilden so eine Art urbanen Strand als populären Traum von Spaß und Freiheit. Doch WORKac schien dieses Traumbild überholt. Darum wählten sie das Motiv des Gartens als visionäres Szenario für eine bessere und ökologischere Welt.

Die »Public Farm One« stellt eine Mischung aus ländlicher Lebensweise und urbanem Raum dar. Sie ist aus recycelbaren Pappröhren aufgebaut, der erforderliche Strom entsteht mithilfe der Sonnenkollektoren und für die Bewässerung wird Regenwasser in Zisternen gesammelt. Die Pappröhren dienen in erster Linie als Pflanzenbehälter, in denen Kräuter, Früchte und Gemüse angebaut werden. Jeweils sieben Röhrensegmente bilden eine Einheit, wobei einzelne dieser Röhren bis an den Boden reichen und so als Säulen die schwebende Struktur stützen. Die zellenartig angeordneten Röhren bilden ein wabenstrukturähnliches Muster, wobei in der Mitte der Anordnung immer ein Behälter frei bleibt, damit die Gärtner Platz zum Arbeiten haben.

TOKUJIN YOSHIOKA

→ siehe Materialien/Technologien #54

Honey-Pop Chair   2001
Stuhl aus Wabenpapier
79×81×81cm

Auch wenn man es den Entwürfen Tokujin Yoshiokas nicht immer ansieht: Er ist fasziniert von der Natur. So sieht er in der leichten und dabei extrem stabilen Wabe des Bienennests die ultimative Form der Architektur. Inspiriert von der Biene als Baumeister, verwendete er Wabenpapier für seinen »Honey-Pop Chair«. Wabenpapier ist nicht nur sehr stabil, sondern bindet Nutzer in den Produktionsprozess ein, denn es muss von einer zweidimensionalen Form zu einer dreidimensionalen Sitzskulptur aufgefächert werden. Für sein Ausgangsmaterial verarbeitete der Gestalter einen Stapel von 120 Pergamentpapieren zu einer Wabenstruktur und schnitt diese so zu, dass sie im aufgefächerten Zustand einen Armlehnsessel ergab. Die finale Form der Sitzschale ergibt sich jedoch erst durch den Gebrauch, da sich das Material beim Sitzen an den Nutzer anpasst.

Tokujin Yoshioka vergleicht die Designdisziplin gerne mit der Poesie. An einem Stuhl interessiert ihn deshalb sehr viel mehr die Vermittlung eines bestimmten Sitzgefühls als etwa seine Konstruktion oder Funktion. Der Sitzkomfort oder gar das Gefühl des Schwebens in der Luft, jenseits der Schwerkraft, ist das Ziel dieser Arbeit.

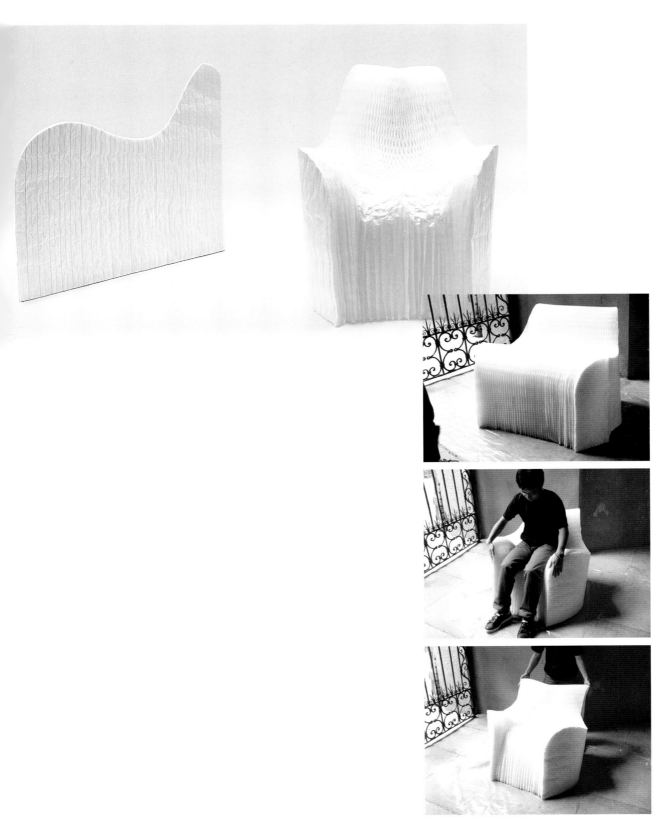

MICHAEL YOUNG

→ siehe Materialien/Technologien #73

Zipzi 2007

Tische
Papierfaltungen, Glas
35 cm × ø 90 cm, 50 cm × ø 50 cm,
74 cm × ø 90 cm
Hersteller: Established & Sons

Der Brite Michael Young hat sein Büro von London nach Hongkong verlegt, um von einem direkteren Zugang zu den chinesischen Fabriken zu profitieren. Der Tisch »Zipzi« macht deutlich, wie er die Inspirationen verarbeitet. Denn die Basis dieser skulptural anmutenden Tische mit aufgelegter Glasplatte entstand erstaunlicherweise aus Papier und durch eine modulare chinesische Falttechnik (Zhezi), auch Golden Venture Folding genannt. Die Komplexität der ineinandergreifenden Faltungen lässt nicht nur eine faszinierende Textur entstehen, sondern vermittelt den Tischen auch die nötige Standfestigkeit.

Der Tisch »Zipzi« gehört heute zum Programm des britischen Möbelherstellers Established & Sons, der für seine handwerklich aufwendig gefertigten Einzelstücke international bekannt wurde. Den Ausgangspunkt bildete für Michael Young ein gefalteter Papierball, den er in den Straßen eines Hongkonger Industriegebiets fand. »Mein Kopf war voller Bilder von kalten Fabriken und Maschinen, und darauf beschloss ich, an diesem meines Erachtens ›rückschrittlichen‹ und zugleich fortschrittlichen Projekt zu arbeiten – mit einer alten chinesischen Technik, bei der komplexe Objekte entstehen, indem gefaltete Papierelemente zusammengefügt werden. So war die Idee für Zipzi geboren.«

MATERIALIEN UND TECHNOLOGIEN

INTELLIGENTER LEICHTBAU DURCH INNOVATIVE PAPIERE UND HERSTELLUNGSVERFAHREN

Nicola Stattmann und Mareike Gast

Leicht, dünn, recycelbar, flexibel, stabil, fest und aus nachwachsenden Rohstoffen produziert: Dies sind Eigenschaften, die nachhaltige Materialien für den Leichtbau auszeichnen. Neben der geringen Dichte und dem geringen Volumen zeichnet sich ein solcher Werkstoff auch dadurch aus, dass er gegebenenfalls Funktionen integriert, die sonst durch zusätzliche Bauteile addiert werden müssten. Er sollte zudem mithilfe energiesparender Verfahren hergestellt, verarbeitet und recycelt werden und zur Produktion möglichst wenige Werkzeuge und kaum Logistik benötigen. Dies entspricht auch den neuesten Forschungsgebieten der Papierindustrie und Werkstoffwissenschaft, die unter anderem gemeinsam das Ziel verfolgen, Papier als ökologisches Leichtbaumaterial zu etablieren. Seit einigen Jahren arbeiten Techniker und Wissenschaftler an den sogenannten »technischen« Papieren. Dies sind Papiere, deren Zusammensetzung oder deren Verarbeitung so modifiziert wird, dass sich eine höhere Leistungsfähigkeit etwa in Bezug auf ihre Stabilität sowie die Wetter- und Wasserbeständigkeit ergibt.

Doch dazu benötigt man auch neue oder zumindest modifizierte Herstellungsprozesse. Papier stellt man aus einem Papierbrei, der sogenannten Pulpe, her. Diese besteht in der Regel aus Wasser, in dem neben der meist aus Holz gewonnenen Zellulose auch die Füllstoffe gelöst sind. Durch eine abgewandelte Zusammensetzung, durch Nutzung von alternativen Fasern oder auch durch den Zusatz von Füllstoffen mit spezifischen Eigenschaften lässt sich die Qualität des Papiers verändern. Dies ist an sich nicht neu. Druckpapiere werden mit den gleichen Verfahren modifiziert oder widerstandsfähig gemacht. Neu hingegen ist, dass sich die Eigenschaften von Papier so verändern lassen, dass es als »Baumaterial« für dreidimensionale Objekte eingesetzt werden kann.

Diese Entwicklungen im Bereich der technischen Papiere konnten wir im Frühling 2006 nur erahnen, als uns das Frankfurter Design-Beratungsunternehmen Stylepark, das sich mit seiner Tochter Stylepark Materials auf die Wissensvermittlung im Bereich der Materialien spezialisiert hat, um die Konzeption und Realisierung einer Materialausstellung bat. Wir entschieden uns für Papier, weil wir zeigen wollten, dass auch ein »Allerweltsmaterial« über Hightech-Funktionen verfügen kann. Schließlich ist Papier jedermann bekannt und wird täglich genutzt, außerdem ist es überall auf der Welt für einen relativ geringen Preis in großen Mengen erhältlich. Dies bedeutet für die Herstellung von Produkten, dass nicht unbedingt hohe Investitionen und teure Werkzeuge notwendig sind. Da uns die Themen Leichtbau, Materialminimierung, Nachhaltigkeit und Komponentenreduzierung in all unseren Projekten, sowohl im Büro als auch in der Lehre, stark beschäftigen, wollten wir herausfinden, ob sich das Leichtbaumaterial Papier für die Konstruktion und Produktion von komplexen und langlebigen Produkten und Gebäuden eignet.

Für die weltweite Recherche nach technischen Papieren für 3D-Anwendungen legten wir folgende Parameter fest: Das Material muss ähnlich wie Papier hergestellt werden oder aus ähnlichen Rohstoffen wie Papier bestehen. Es muss mit den gleichen Technologien oder Verfahren wie herkömmliches Papier verarbeitet und verformt werden oder papierähnliche Eigenschaften wie zum Beispiel Haptik, Gewicht, Format besitzen. Die Recherche-Ergebnisse haben uns verblüfft. Wir fanden Papiere mit ungeahnten Eigenschaften und Möglichkeiten. Für den nun folgenden Teil des Buches haben wir die Recherche von 2006 noch einmal überprüft und durch neue Entwicklungen ergänzt. Nun umfasst das Kapitel eine Zusammenstellung besonders innovativer Papiere, die bereits für die Herstellung von langlebigen Produkten eingesetzt werden oder sich zumindest dafür eignen würden. Wir haben in unseren Texten auch stets auf noch ungenutzte Potenziale eines Materials oder einer Verfahrenstechnik hingewiesen, damit Gestalter und Industrie künftig diese neuen Möglichkeiten eines Papiers ausschöpfen können.

Fasern, Füllstoffe, Bindemittel und Beschichtungsmaterialien sind als Parameter für bestimmte Eigenschaften des Materials zu verstehen, die je nach Anforderung variiert werden können. So entscheidet etwa vor allem die Länge, Feinheit, Struktur und Ausrichtung der Fasern über die Festigkeit des Papiers. Vollkommen neue Möglichkeiten entstehen, wenn die Fasern nicht wie ursprünglich aus holzbasiertem Zellstoff bestehen, sondern aus Rohstoffen wie Karbon, Kunststoff, Bambus oder Glas. Sie verleihen dem Material völlig neue und für Papier untypische Eigenschaften. Außerdem erzielt man außergewöhnliche Materialeigenschaften, indem man die üblichen Füllstoffe wie etwa Kreide oder Titanoxid substituiert. Werden diese etwa durch Keramikpartikel, Metalloxide,

Silberionen oder Farbstoffe ergänzt oder ersetzt, erhält man Papiere mit integrierten Funktionen und außergewöhnlichen Materialeigenschaften. Auch durch Beschichtungen kann man Papiere mit neuen Eigenschaften versehen. Ein solcher Belag kann aufgesprüht oder als Folie kaschiert werden. Filme aus Silikon oder anderen Kunststoffen machen das Papier zum Beispiel wasserfest oder besonders reißfest. Durch Einbringen innovativer Bestandteile in modifizierten Herstellungsverfahren entstehen Papiere, die langlebig und resistent sind. Wasser- und wetterfest, reißfest, UV- und chemikalienbeständig sind Eigenschaften, die heute auch Papier auszeichnen können. Es ist eine kaum bekannte Tatsache, dass Stahlträger in der Architektur durch Verkleidung mit feuerfestem Papierschaum vor Hitze geschützt werden. Durch die Modifikation von Bestandteilen entstehen Papiere, die elektrisch leitend, wärmeleitend oder antibakteriell sind. Papiere sind außerdem Trägermaterialien für elektronische Bauteile, oder es lassen sich mithilfe von »Funktionstinte« Schaltkreise direkt per Inkjet-Druck aufbringen.

Vor dem Hintergrund dieser Innovationen könnte Papier in Zukunft als maßgeschneidertes Leichtbaumaterial konzipiert und produziert werden. Die Weiterentwicklung und der Einsatz des funktionalen, nachhaltigen Papiers erfordern die Kreativität und Offenheit von Forschung, Industrie und Marketing. Funktionale und robuste Papiere entstehen in der Regel nicht mehr nur für Druck oder Verpackung, sondern vermehrt auch für technische Bauteile oder dreidimensionale Produkte. Zum Schneiden oder Falzen auf industriellem Niveau sind neue Technologien erforderlich. So helfen etwa CAD/CAM-gesteuerte Schneidplotter, Falt- und Plisseemaschinen bei der Verarbeitung größerer Papiermengen. Mithilfe dieser Maschinen entstehen stabile Konstruktionen, deren Linienführung und Faltung auch ästhetisch überzeugen.

Als Vorbild für architektonische Tragstrukturen können bereits bekannte oder auch traditionelle Techniken wie etwa Origami und Tesselation-Origami dienen, die wir hier im Buch vorstellen. Sie zeigen im kleinen Maßstab die gestalterischen Varianten, die statischen Eigenschaften sowie die Möglichkeit, aus kleinen Einzelteilen große Strukturen zu entwickeln. Sie sollen eine Vorstellung der künftig möglichen Architekturprojekte vermitteln und lassen sich außerdem problemlos per CAD/CAM vorproduzieren. Darüber hinaus ist

/1

/2

/3

/4

/1-4 PAPERLAB 2007
Ausstellung auf der design annual
im Auftrag von Stylepark und Messe Frankfurt

es heute möglich, kunststofftechnische Produktionsverfahren zu nutzen, um Papier, neben dem traditionellen Schöpfen oder Falten, in eine dreidimensionale Form zu bringen. So lassen sich etwa im Extrusionsverfahren wetterfeste Endlosprofile aus Klebeetiketten-Abfällen produzieren und im Formschäumverfahren kann man Produkte aus Papierschaum herstellen.

All diese Beispiele zeigen, dass sich Papier sehr wohl eignet, um in industriellen One-Shot-Verfahren komplexe Produkte herzustellen. Die Entstehung der technischen Papiere lässt sich sehr gut mit der Entwicklung der technischen Textilien vergleichen. Als vor einigen Jahren die Herstellung von »einfachen« Textilien in Europa nicht mehr rentabel erschien, begannen Werkstoffwissenschaftler und Ingenieure mit der Arbeit an Hochleistungstextilien. Es entstanden Stoffe mit hervorragenden mechanischen und funktionalen Eigenschaften. Besonders die Integration von Funktionsfasern in Textilien, sogenannte Smart-Textiles, wird seit Mitte der 1990er-Jahre intensiv verfolgt. Diese Gewebe mit hervorragenden mechanischen wie funktionalen Eigenschaften sind uns heute aus unterschiedlichen Bereichen bekannt. Dazu zählen atmungsaktive Sporttextilien, Wearable Electronics oder innovative Gebäudefassaden. Damals gelang es der Textilindustrie durch die Integration von Hightech-Funktionen im Gewebe, Materialien zu entwickeln, die so innovativ waren, dass sie die gesamte Branche veränderten. Unserer Meinung nach ist das Papier auf einem ähnlichen Weg. Die Papiertechnische Stiftung (PTS) in München ist eine von der Papierindustrie getragene Forschungseinrichtung, in der neue technische Papiere entstehen. Solarpapier und Keramikpapier, das nach dem Falten und Formgeben zu reiner Keramik gesintert wird, gehören zu jenen Beispielen, die zeigen, welches Potenzial in dem Werkstoff noch verborgen ist.

Insbesondere der Leichtbau in Kombination mit nachhaltigen Materialien ist eines der wichtigsten Themen für die Produktgestaltung. Um nachhaltige Produkte zu entwickeln, sind aber nicht nur diese beiden Parameter von Bedeutung. In Untersuchungen hat sich gezeigt, dass vor allem das Nutzungskonzept eines Produkts präzise entwickelt und formuliert werden muss. Die faktische Lebensdauer und die mechanischen Belastungen, denen Produkte oder Gebäude ausgesetzt sind, müssen künftig bei Materialwahl und Recycling stärker berücksichtigt werden. Letztlich ist es nicht zu verantworten,

und auch nicht zu bezahlen, dass kurzlebige Produkte und Gebäude aus Materialien hergestellt werden, die dafür überqualifiziert sind. Wir halten den Bereich der technischen Papiere, neben dem der technischen Textilien und der Biotechnologie, für einen der innovativsten Werkstoffbereiche. Sicher ist Papier durch den hohen Energie- und Wasserverbrauch derzeit noch nicht konsequent nachhaltig. Jedoch können neuerdings Enzyme den Prozess der Zellstoffherstellung deutlich verbessern, da sie einige Chemikalien ersetzen. Alternativ zur Gewinnung von Zellstoff aus Holz werden Bakterien erforscht, die Zellulose produzieren. Dies eröffnet ganz neue Möglichkeiten, da der komplizierte Aufbereitungsprozess von Zellstoff aus Holz entfällt. Daher sind wir überzeugt, dass künftig leichte, innovative und gestalterisch anspruchsvolle Produkte und Gebäude aus Papier entstehen werden.

ERGÄNZUNG ZUM NACHDRUCK 2010:

Als wir begannen, uns mit dem Thema Papier intensiv auseinanderzusetzen, stießen wir bei der Recherche auf Ron Resch – einen der wichtigsten Entwickler des Tesselation Origami. Wir kontaktierten ihn im Frühling 2006 und lernten einen unglaublich interessanten, geistreichen und vor allem enthusiastischen Entwickler von Konstruktionen aus Papier kennen. Für die Ausstellung »paperlab« (s. Abb. S. 173) öffnete er erstmals nach vielen Jahren wieder seine Container in Utah, wo Hunderte von Faltmodellen lagern. Mit zwei riesigen Transportkisten und voller Euphorie kam er nach Frankfurt zur Ausstellungseröffnung und hielt faszinierende Vorträge, die viele Zuhörer inspirierten. Seitdem standen wir mit ihm in Kontakt und erfuhren im Herbst 2008 von seiner Krebserkrankung, an der er im Winter 2009 starb.
Wir sind sehr dankbar, ihn kennengelernt zu haben, und bedauern, dass sein großartiges Werk, das gerade im Kontext von Leichtbau und computergesteuerter Fertigung neue Bedeutung gewinnt, bisher nicht archiviert und dokumentiert wurde.
In den Jahren 1960–1966 entstand ein Film, den wir all unseren Studenten zeigen, weil er deutlich macht, wie durch die intensive und leidenschaftliche Auseinandersetzung mit einem Thema ganz neue, zukunftsweisende Ideen und Lösungen entstehen können. Vielen Dank, Ron.

01

03

02 /1

04

177

02 /2

01

260 × 200 × 180 mm

WESPENNEST Der Bau eines Wespennestes geschieht in mehreren Schritten. Zunächst raspeln die Wespen in Rückwärtsbewegungen mit ihren Mundwerkzeugen Holzfasern ab. Anschließend rollen sie die Fasern zu einem kleinen Ball und tragen ihn zum Nest. Dort zerkaut die Wespenkönigin die Faserkugeln und mischt sie mit Speichel. Bei diesem Prozess erzeugt sie einen Papierfaserbrei, aus dem sie dann das Nest baut.

Die Nester sind stets nach unten hin geöffnet und haben anfangs fünf bis zehn Zellen in meist leicht abgerundeter Wabenform. Je nach Größe des Wespenvolkes wird dann nach und nach »angebaut«. In Mitteleuropa erreichen die »Deutsche Wespe« und die »Gemeine Wespe« Volksstärken von bis zu 7.000 Tieren und Nester mit bis zu 40 Zentimetern Durchmesser.

Alle echten Wespen bauen Papiernester aus Holzfasern. Die Hornisse und die Gemeine Wespe verwenden dabei morsches, verfallenes Holz, etwa von verrottenden Baumstämmen und Ästen. Ihr Nest ist hellbeige. Alle anderen Arten nutzen oberflächlich verwittertes Holz wie etwa Totholz an Bäumen oder Weidepfählen beziehungsweise Holzzäunen. Ihre Nester sind von grauer Farbe. Das Wespenpapier hat große Ähnlichkeit mit unserem Papier. Dies ist kein Zufall. Zumindest in Europa hat man aus der Beobachtung von Wespen die Herstellung des Papiers abgeleitet. Ebenso wurde die Wabenstruktur des Nestes Vorbild für viele Leichtbau-Papierstrukturen.

02

/1: 260 × 170 × 80 mm

/2: 210 × 297 mm

in Serie

SCA Zellstoff GmbH

www.sca.com/pulp

ZELLULOSE UND ZELLSTOFF Zellulose ist die wohl in der Natur am häufigsten vorkommende organische Verbindung. Zusammen mit Lignin und Pektinen bildet es die Gerüstsubstanz für pflanzliche Zellwände. Hauptsächlich bildet Nadelholz den Rohstoff für Papier, da seine langen Fasern zu einer höheren Festigkeit führen. Aber auch aus der Zellulose schnell wachsender Pflanzen wie Getreide kann Zellstoff und somit Papier hergestellt werden. Es gibt zwei Verfahren, mit denen man Zellstoff gewinnt: das heute kaum noch verwendete Holzschliff-Verfahren, in dem die Zellulosefasern aus geschnitzeltem Holz (Hackschnitzel) mechanisch durch Mahlen herausgelöst werden, sowie das Sulfat- oder Sulfit-Verfahren. Hierbei erfolgt die Abtrennung des Zellstoffs von den anderen Holzbestandteilen durch das Kochen der Holzschnitzel in einer alkalischen oder basischen Schwefellösung. Man erhält einen braunen Zellstoff, der sich zur Herstellung von Packpapier eignet. Zur Entfernung der braunen Farbe, die durch einen Restanteil von Lignin entsteht, ist ein nachfolgendes Bleichen notwendig. Übrig bleibt die Zellulose. Sie ist die Grundlage von holzfreiem und somit nicht vergilbendem Papier. Der mechanische Prozess benötigt sehr viel Energie, wohingegen bei den heute üblichen chemischen Verfahren giftige Gase freigesetzt werden und sehr viel Wasser verunreinigt wird. Daher entwickelt man heute zunehmend umweltfreundlichere Verfahren. Im Allcell-Verfahren oder im Organocell-Verfahren werden die begleitenden Holzstoffe mithilfe von organischen Lösungsmitteln bei erhöhter Temperatur und Druck aus dem Zellstoff — also schwefelfrei — herausgelöst. Im Biopulping-Verfahren verwendet man Kohlenhydrat abbauende Enzyme, um die Fasern besser zugänglich zu machen. Außerdem werden Enzym-Mischungen zur Vorbehandlung der Hackschnitzel genutzt. Dadurch wird die Holzstruktur flexibler, was einen geringeren Energieaufwand zum Mahlen bei der mechanischen Defibrillierung bedeutet. Die Entwicklung und der Einsatz dieser Technologien tragen erheblich zur Reduzierung der Umweltbelastung bei.

03

Technologie

Stora Enso
Kvarnsveden Mill

www.storaenso.com

PAPIERPRODUKTION Auf modernen Papiermaschinen wie der abgebildeten Kvarnsveden Mill der Firma Stora Enso entstehen pro Minute 1.750 Meter Zeitungspapier mit einer Breite von mehr als zehn Metern. Dies sind umgerechnet fast 300.000 DIN-A4-Blätter pro Minute. Dabei arbeitet die Maschine folgendermaßen: Sie befördert die Pulpe, bestehend aus Zellstoff, Füllstoffen und Wasser per Schröpfrad auf ein Sieb und entzieht das Wasser mithilfe eines Vakuums. Anschließend wird das Papier durch Kalander gepresst und an beheizten Zylindern getrocknet. Darüber hinaus ist es möglich, das Papier mit einem Bindemittelauftrag (Strich) zu veredeln. Dabei entsteht entweder auf einer oder auch auf beiden Seiten eine hervorragend zu bedruckende Oberfläche.

04

in Serie

Onao Co., Ltd.
www.onao.co.jp
Eriko Horiki & Associates
www.eriko-horiki.com

WASHI Als Washi bezeichnet man das traditionelle japanische Papier. Dies zeichnet sich sowohl durch besondere visuelle und haptische Eigenschaften als auch durch eine hohe Reißfestigkeit und Widerstandsfähigkeit aus. Washi wird aus der Rinde von kleinwüchsigen Hölzern, wie Gampi, Mitsumata oder Kozo, gewonnen und verfügt je nach Pflanze über unterschiedliche Eigenschaften. Gampi-Papier, das aus dem schwer kultivierbaren Gampi-Busch gewonnen wird, hat eine glänzende Oberfläche und ist fast durchsichtig. Die Fasern des Mitsumata-Strauchs sind sehr fein. Kozo (Maulbeerbaum-Papier) ist das am häufigsten verwendete Papier und zeichnet sich durch seine besondere Festigkeit aus.
Eine große Rolle für die Qualität von Washi spielt der Herstellungsprozess: Die Rinde wird nicht zerschnitten, sondern durch Schlagen zerkleinert. So bleiben lange Fasern erhalten. Nach dem Reinigen, Schlagen und Bleichen der Fasern vermengt man sie mit Wasser und Neri, einer schleimartigen Substanz aus Wurzeln, die ein Verklumpen der Fasern verhindert.
Die Abbildung auf Seite 177 zeigt den Herstellungsprozess von Washi bei der japanischen Papierfirma Onao. Mithilfe spezieller Siebe mit herausnehmbaren Bambus-Trägern wird das Papier in mehreren Lagen geschöpft. Die Anzahl der Lagen bestimmt die Dicke des Papiers. Zwischen die Lagen können auch Fasern eingelegt werden. Außerdem können die verschiedenen Lagen in unterschiedlichen Farben gefertigt werden. Dies ist möglich, wenn eine bestimmte Menge Pulpe über das Sieb gegossen wird, statt das Papier zu schöpfen. Anschließend wird es gepresst und getrocknet. Durch Abkleben der Siebe können etwa Wasserzeichen als Perforation eingebracht werden. Washi wird vorwiegend für Shoji-Wände eingesetzt. Die Designerin Eriko Horiki macht sich diese besonderen Eigenschaften von Washi zunutze und stellt bis zu 20 Meter lange Papierbahnen her, die durch manuell geformte Faser-Linien stabilisiert und dekoriert werden. Diese Papiere werden als Bühnenbilder oder für Lichtinstallationen eingesetzt.

05

70×70×0,5mm

Forschung

KTH, Royal Institute
of Technology

www.kth.se

NANOPAPIER Nanopapier besteht aus den gleichen Komponenten wie herkömmliches Papier, lediglich die Zellulose-Molekülketten in der Pulpe, die sogenannten Fibrillen, werden auf eine Nanometer-Größe zerkleinert. Dies geschieht in einem umweltfreundlichen Prozess, da die Zellwände nur mechanisch beziehungsweise durch das Hinzufügen von Enzymen gelöst und verfeinert werden.
Die kleinen Fasern zeigen bessere Haftungseigenschaften und sorgen insbesondere für ein gleichmäßigeres Papier mit weniger großen und weniger unregelmäßigen Hohlräumen. Dadurch erhöht sich die Widerstandsfähigkeit deutlich. Speziell die Reißfestigkeit ist äußerst hoch. Es ist faszinierend, dass nur aufgrund der zerkleinerten Fibrillen diese hervorragenden Eigenschaften erzielt werden können und keine Zusatzstoffe hinzugefügt werden müssen. Derzeit wird beispielsweise mit Kartoffelstärke als Füllstoff experimentiert, um die Eigenschaften des Nanopapiers noch weiter zu steigern. Ein High-Tech-Werkstoff aus 100 Prozent nachwachsenden Rohstoffen.

06

09

07 /1 /2

08

MODIFIZIERT

06

210×297mm

in Serie

Huchtemeier Papier GmbH

www.huchtemeier.com

SILIKONISIERTES KRAFTPAPIER Durch die ein- oder auch beidseitige Beschichtung des Kraftpapiers mit Silikon haftet auf diesem Papier nichts mehr. Aus diesem Grund eignet es sich zum Beispiel hervorragend als Trägermaterial für Klebeetiketten. Der Einsatz von Silikon führt dazu, dass das Kraftpapier bis rund 300 Grad C Hitze verträgt und zudem noch wasserfest ist. Außerdem fühlt sich das Papier ungewöhnlich weich und glatt an. Diese Charakteristika könnten silikonisiertes Kraftpapier auch für Anwendungen im Produktdesign interessant machen.

07

/1: 150×150mm

/2: 210×297mm

in Serie/Forschung

Brightech, Inc.

www.brightec.com

INP Grenoble – PAGORA

pagora.grenoble-inp.fr

NACHLEUCHTENDES PAPIER (GLOW-IN-THE-DARK) Dieses Papier verfügt über photolumineszierende Partikel, dadurch leuchtet es im Dunkeln nach der Bestrahlung mit Tag- oder Kunstlicht für einige Zeit blassgrün. Bei Briefmarken wird dieser Effekt seit Jahren genutzt, damit die automatische Stempelmaschine die zu entwertenden Briefmarken erkennt und unfrankierte Briefe aussortieren kann. Die nachleuchtenden Partikel sind entweder schon in der Pulpe enthalten oder werden mithilfe von Bindemittel (Strich) aufgetragen oder als Folienkaschierung aufgebracht. Forschern der Universität in Grenoble (INP Grenoble) ist es gelungen, die Zellulosefasern chemisch so zu modifizieren, dass sie große Mengen nachleuchtender Teilchen, die sogenannten Kolloide, aufnehmen und somit selbst über die Möglichkeit der Photolumineszenz verfügen. Dies erhöht die Leuchtkraft deutlich, ohne die Festigkeit zu beeinträchtigen. In Kombination mit anderen Beschichtungen oder Inhaltsstoffen könnte das »leuchtende Bastelpapier« allerdings auch interessant für Outdoor- oder Sicherheitsprodukte werden.

08 →

siehe Projekte ⓓ88

190×190mm

in Serie

M-Real Zanders GmbH

www.zanders.de
www.m-real.com

TRANSPARENTPAPIER Die Eigenschaften eines Papiers hängen zu einem großen Teil von der Art der Mahlung beziehungsweise der Faserzerkleinerung ab. Bei Transparentpapier handelt es sich um eine »schmierige Mahlung«, bei der breite, auseinandergestellte Messer oder eine Basalt-Stein-Bemesserung zu einer langsamen, lang andauernden Mahlung führen. Die Fasern werden nicht geschnitten, sondern gequetscht. Es entsteht ein quellender, schmieriger Faserschleim, der sich im weiteren Herstellungsprozess nur langsam entwässert. Auf diese Weise erhält das Papier seine Transparenz sowie eine besondere Härte und weitgehende Reißfestigkeit. Aufgrund dieser besonderen Eigenschaften ist es für Anwendungen im Produktbereich interessant. Durch Faltung können stabile, semitransparente Leichtbaukonstruktionen entstehen. Bei »Zanders Spectral« der Firma M-Real Zanders handelt es sich um ein hervorragend auch per Inkjet zu bedruckendes Transparentpapier mit einer besonderen Stärke von 200g/m2, das zudem in einer Vielzahl von Farben erhältlich ist.

09 →

siehe Projekte ⓓ84

130×80mm

Prototyp

Industrial Facility
Sam Hecht

www.industrialfacility.co.uk

Takeo Co.,Ltd.

www.takeo.co.jp

HAPTIC PAPER CUP Bei diesem Gefäß handelt es sich um den Entwurf eines transluzenten Papierbechers, den der britische Designer Sam Hecht für die Ausstellung »Haptic« zur japanischen Takeo Paper Show einreichte. Mit seinem Projekt plädiert Hecht für einen transparenten Becher, der im Gegensatz zu üblichen Papp- oder Plastikgefäßen ein hochwertiges Behältnis für Getränke darstellt: »Für die Herstellung eines Bechers Transparentpapier anstatt der üblichen Pappe zu verwenden, mag vielen sehr einfach erscheinen. Doch der ›Haptic Cup‹ ist mehr als ein billiges Massenprodukt, er ermöglicht eine sinnliche und ästhetische Erfahrung in Bezug auf seinen Inhalt. Das Material tritt auf sehr zurückhaltende Weise in Erscheinung, nicht wie Glas, auch nicht wie Kunststoff, sondern sehr viel ehrlicher – eben wie Papier, das bekanntlich dem Naturmaterial Holz sehr nahesteht.«
Sam Hechts Vision eines transparenten Pappbechers ist mit der heutigen Technologie realisierbar. Er würde Getränke nicht geschmacklich beeinträchtigen, den Einwegplastikbecher ersetzen und damit einen Beitrag zum Umweltschutz leisten.

<u>13</u> /1 /2

<u>14</u>

<u>11</u>

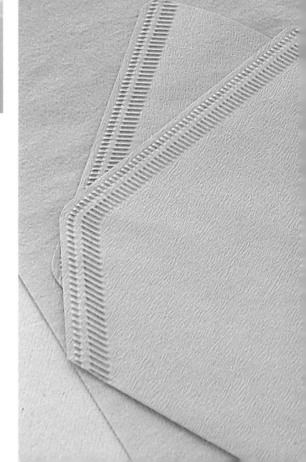

12

10

183

10

210 × 297 mm

in Serie

Neenah Lahnstein GmbH

www.neenah-lahnstein.de

WASSERFESTES PAPIER Bei dem Werkstoff »Neobond« handelt es sich um ein besonders langlebiges und strapazierfähiges Papier, das aus einer Zellstoff- und
Synthesefasermischung besteht, die noch zusätzlich gegen Wasser imprägniert
wurde. Es zeichnet sich durch eine sehr hohe Reiß- und Falzfestigkeit, gute
Licht- und Farbechtheit sowie eine erhebliche Dimensionsstabilität im nassen
wie im trockenen Zustand aus. Darüber hinaus ist das Papier — wie der Name
schon sagt — wasserfest, aber auch resistent gegen organische Lösungsmittel
und bis 180 Grad C hitzebeständig. Diese Eigenschaften haben dazu geführt,
dass dieses Material mit Vorliebe für Führerscheine, Eintrittskarten, Regis-
terblätter und Kofferanhänger verwendet wird. Da dieses Papier in vielen
Eigenschaften wie etwa Langlebigkeit und Wasserfestigkeit einem Kunststoff
ähnelt, ist es für unterschiedliche Anwendungen im Outdoor-Bereich oder in
der mobilen Architektur interessant.

11

50 × 50 × 40 mm

in Serie

Genpak

www.genpak.com

GEFALTETE PAPIERBECHER Der Papierbecher ist eine typisch amerikanische
Erfindung, die zu Beginn des zwanzigsten Jahrhunderts auf den Markt kam
und für mehr Hygiene an öffentlichen Wasserspendern sorgen sollte. Die hier
abgebildeten Faltbecher gehören heute noch zum Repertoire amerikanischer
Take-away-Restaurants. Sie bestehen aus einem beschichteten, transluzenten
Papier und existieren in unterschiedlichen Größen. Offensichtlich werden
in der Produktion rund geschnittene Bögen um zylindrische Formen gefaltet,
die Kante wird anschließend sehr fest nach außen gerollt. Der konkave
Boden, die senkrechten Falten und der stabile Rollrand verleihen den Papier-
bechern ihre enorme Stabilität. Das Beispiel macht deutlich, dass auch komplizierte Faltprozesse für die Massenproduktion geeignet sind.

12

195 × 130 mm

in Serie

Melitta
Unternehmensgruppe Bentz KG

www.melitta.de

BAMBUS-PAPIER Die Filtertüte von Melitta wird aus ökologischen Gründen
nicht mehr ausschließlich aus Holzzellstoff hergestellt, sondern besteht zu
60 Prozent aus Bambus. Die Nutzpflanze hilft durch ihre weite Verbreitung
und ihr schnelles Wachstum, wertvolle Holzbestände zu schonen. Allerdings
ist der Bambus-Anteil in diesem Produkt begrenzt, da das ökologische
Material weniger stabil und reißfest ist, die Prägenähte an der Seite des
Filters aber eine gewisse Festigkeit voraussetzen. Weitere schnell nach-
wachsende Rohstoffe sind Eukalyptus, Gräser und Stroh. Diese eignen sich
zwar für die Papierherstellung, allerdings nicht für Filtertüten, da sie
den Geschmack beeinflussen würden.

13

/1: 210×297mm

/2: 205×7mm

in Serie

STEPAh NV

stepah@introweb.nl

BIOPOLYMERE UND PAPIER Die Aufgabe von Verpackungspapieren ist es, Lebensmittel frisch zu halten und zu schützen. Darum müssen die Papiere luft-, wasserdampf-, fett- und wasserdicht sowie für Gerüche und Stoffe aller Art undurchlässig sein. Dies erreicht man normalerweise durch das Kaschieren verschiedener Folien aus Aluminium oder den Kunststoffen PS (Polystyrol) oder PE (Polyethylen), die sich allerdings als Sandwich nur schwer recyceln lassen. Der Firma STEPAh ist es erstmals gelungen, Barriereschichten durch eine Beschichtung mit biologisch abbaubaren Kunststoffen zu produzieren. Zwei Biokunststoffe, genannt »SoluSol« und »Eco-Bar«, die aus Molke und Milchsäure hergestellt werden, bilden die Basis für unterschiedliche Verpackungspapiere. Papier und Pappe erhalten durch einen Überzug mit diesen Materialien hervorragende Barriereschichten für Aroma, Feuchtigkeit und Fette. »Eco-Bar« ist eines der wenigen Monolayer-Verpackungsmaterialien, die sich für die Lebensmittelindustrie eignen und die oben genannten Verpackungsfolien ersetzen können. Wird noch zusätzlich der Kunststoff »SoluSol« aufgebracht, entsteht ein Verpackungsmaterial, das sich sogar für die Herstellung von Getränkekartons säurehaltiger Fruchtsäfte eignet.
Diese Verpackungsmaterialien sind hervorragend biologisch abbaubar. Im Kompost zersetzen Mikroben sie innerhalb von 30 bis 50 Tagen vollständig.

14

/1: 149×210mm

/2: 600×600mm

in Serie

Sihl GmbH

www.sihlgroup.com

REISSFESTES PAPIER EnDURO nennt sich ein Verbundmaterial aus Papier und Folie (OPP- oder PET-Folie). Das Papier dient als Obermaterial und die Folie als feste Mittelschicht. Auf diese Weise kombiniert EnDURO die Eigenschaften der beiden Materialien. Es ist einreißfest und wasserundurchlässig wie ein Kunststoff, dabei fühlt es sich genauso angenehm wie Papier an und lässt sich hervorragend falten und bedrucken. Außerdem existieren Varianten wie etwa EnDURO Effect, das sich durch einen dezenten silbernen oder goldenen Glanz auszeichnet. EnDURO Ice ist ein einreißfestes Transparentpapier, das sich bedrucken lässt wie Normalpapier und beim Falzen auch nicht den sonst üblichen Weißbruch aufweist. EnDURO findet Verwendung zum Beispiel für Briefumschläge, Faltkarten, Taschen und auch Buchumschläge.

16

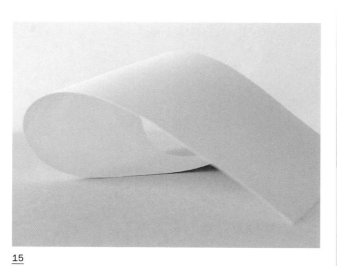

15

OUTDOOR-PAPIER

15

210×297mm

in Serie

Awa Paper Mfg. Co., Ltd.

www.awapaper.co.jp

ATMUNGSAKTIVES PAPIER Polyethylen- und Polyolefin-Fasern bilden die Basis für dieses Material aus Japan. Der Herstellungsprozess ist allerdings mit dem von Papier vergleichbar und selbst die Oberflächenbeschaffenheit, Dicke und Flexibilität des Materials sind einem dünnen Papier sehr ähnlich. Im Gegensatz zu den meisten Papieren ist es jedoch wasserfest, dampf- und luftdurchlässig und zudem resistent gegen Säuren und Basen. Außergewöhnlich ist die Tatsache, dass dieses atmungsaktive Material einerseits über die Eigenschaften von Papier verfügt und andererseits wie eine Funktionsmembran arbeitet. Das atmungsaktive Papier bringt also neue Materialeigenschaften und Konstruktionsmöglichkeiten mit sich, die für die Produktion von Kleidung und Outdoor-Produkten sehr interessant sein könnten.

16

210×297mm

in Serie

Neenah Lahnstein GmbH

www.neenah-lahnstein.de

WETTERFESTES PAPIER Zur Herstellung des imprägnierten Papiers »Pretex« verwendet die Firma Neenah Lahnstein Zellstoff und Synthesefasern aus Polyamid und Polyester, um zunächst ein Rohpapier zu erzeugen. In zwei weiteren Arbeitsgängen wird das Material mithilfe von Bindemitteln (etwa Acrylate, Ethylenvinylacetaten) imprägniert und mit einem Pigmentstrich aus Tonmineral oder Kreide versehen. So entsteht ein Papier, das in hohem Maße licht- und farbecht, widerstandsfähig und bis 180 Grad C hitzebeständig ist. Darüber hinaus ist es wasserfest und übersteht starke mechanische Beanspruchung im nassen und im trockenen Zustand, außerdem ist es resistent gegen organische Lösungsmittel. Das Papier, das sich mit allen gängigen Verfahren bedrucken lässt, wird bisher für technische Dokumentationen, Lehr- und Schautafeln, Pläne für den Außenbereich, Land- und Seekarten eingesetzt. Aufgrund seiner Widerstandsfähigkeit sind aber auch Anwendungen im Freien denkbar.

17 →

siehe Projekte ◻156

/1: 400×400×500mm

/2: 400×400×400mm

Unikat

Richard Sweeney

www.richardsweeney.co.uk

KONSTRUKTIVE FALTUNGEN Richard Sweeneys filigrane Objekte zeigen, welche enorme Stabilität Papier allein durch Faltungen erreichen kann. Insbesondere durch die Verwendung gekrümmter Faltlinien macht er deutlich, welche ungeahnten Möglichkeiten in dem Material stecken. Obwohl der junge Brite in Manchester Design studiert hat, stellen seine Arbeiten keine Modelle im herkömmlichen Sinne dar. Er weist seinen Strukturen keine Funktionen zu, sondern bringt Anmutung und Eigenschaften des Materials zur Geltung. Diese Experimente können aber durchaus auch für Architekten richtungsweisend sein. So ließen sich nach ähnlichem Muster eventuell Dachkonstruktionen aus wasser- und wetterfestem Kraftpapier realisieren. Viele von Richard Sweeneys Skulpturen wirken sehr komplex, basieren jedoch auf sich wiederholenden Faltungen und zusammengesetzten Modulen.

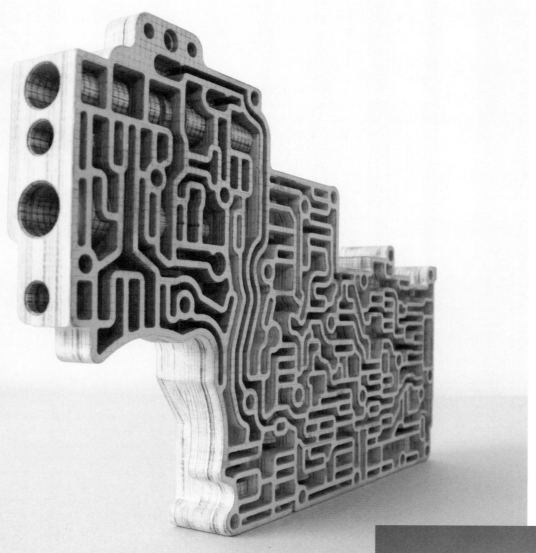

20

22

19

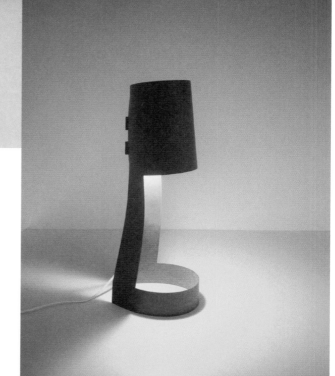

FORMTEILE AUS PAPIERSCHICHTEN

21

18 /1

18 /2

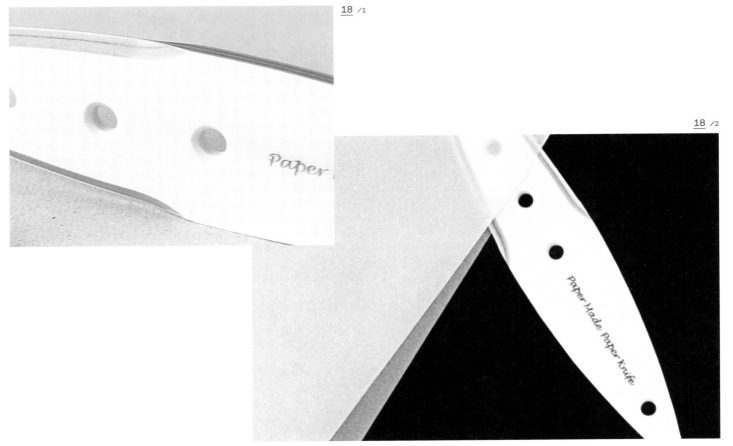

18 →

siehe Projekte ▯84/▯118

179×35×4mm

in Serie

Adachi Shiki Kogyo
Co. Ltd.

www.adachishiki.co.jp

Niigata Industrial
Creation Organization

www.nico.or.jp/hyaku/
english

VULKANISIERTES PAPIER Die Festigkeit und Langlebigkeit von vulkanisiertem Papier ist enorm und entspricht in keiner Weise den Materialeigenschaften herkömmlichen Papiers. In einem besonderen Herstellungsprozess werden die Papierbogen zunächst durch ein Zinkchloridbad (Säure) gezogen, welches die Oberfläche der einzelnen Papierfasern gummiartig und klebrig werden lässt. In diesem Zustand verpresst man die Papierbogen miteinander und die klebrig-gummiartigen Fasern erreichen eine extrem starke Verbindung. Nach diesem Vorgang wird das Zinkchlorid in mehreren Durchgängen mit Wasser ausgewaschen und das Papier anschließend getrocknet. Danach verfügt das Papier über die gewünschte Stabilität und kann zugeschnitten werden. Abhängig von der Anzahl der verpressten Papierbogen entstehen unterschiedliche Materialstärken für Rollenware, Bogen und Platten. Stäbe und Rohre werden auf die gleiche Art und Weise, allerdings mit anderen Werkzeugen und Maschinen, hergestellt. Das vulkanisierte Papier besteht wie herkömmliches Papier fast ausschließlich aus Zellulose und erhält seine Festigkeit ohne Zusatz von Klebern, Binde-mitteln oder Harzen. Vulkanisiertes Papier zeichnet sich durch elektrisch isolierende Eigenschaften aus und ist außerdem extrem bruch-, schnitt-, abrieb- und vor allem wasserfest. Durch den Einsatz unterschiedlicher Papier-sorten können weitere Eigenschaften erzielt werden. Neuerdings wird selbst Altpapier vulkanisiert.
In Japan hat die Herstellung dieses Materials Tradition. Ursprünglich stellte man Rüstungen für Schwertkämpfer daraus her. Aufgrund seiner guten Festig-keit bei geringer Materialstärke kann es heute als ökologisches Leichtbau-material in Form von Plattenware eingesetzt werden beziehungsweise als Formteil, das aus flexiblen, vulkanisierten Platten gepresst wird. Aus vulka-nisiertem Papier lassen sich etwa Kofferschalen, Helme oder Gehäusebauteile pressen.
Der japanische Gestalter Ryuji Nakamura verwendete das Material 2006 für seinen außergewöhnlichen Stuhl »Hechima 2«. Eindrucksvoll demonstriert er die Widerstandsfähigkeit des Materials: Eine feingliedrige Struktur aus vulkanisiertem Papier ist hier immerhin in der Lage, das Gewicht eines Menschen zu tragen.

19

500×300×50mm

Technologie

RTC Rapid Technologies
GmbH

www.rtc-germany.com

LAMINATED OBJECT MANUFACTURING (LOM) Das LOM-Verfahren ist eine Rapid-Prototyping-Technologie, bei der im Computer generierte Daten mithilfe eines Lasers Schicht für Schicht in dreidimensionale Modelle aus Papier umgesetzt werden. Auf diese Weise können komplexe Objekte mit Hinterschnitten entste-hen, ohne dass Werkzeuge zum Einsatz kommen. Die einzelnen Prozessschritte sind folgende: Das LOM-Papier ist auf der Unterseite mit einem Hotmelt-Kleber versehen. Dieser wird durch eine Laminierwalze mit einer Temperatur von rund 320 Grad C auf die darunterliegende Schicht geklebt und gepresst. Nach jedem Laminiervorgang schneidet ein Laser die entsprechende Kontur aus, bevor der Papiervorschub für die nächste Lage stattfindet. Im Grunde ist LOM nichts weiter als das Aufeinanderkleben von zahlreichen Papierstücken zu einem dreidimensionalen Modell. Die so erzeugten Bauteile sind hitze-beständig bis 110 Grad C und aufgrund der holzähnlichen Struktur sehr gut zu bearbeiten. Sie eignen sich hervorragend für die vielfältigen Prozess-schritte im Produktdesign, wie etwa Konstruktionsbesprechungen, die Betrach-tung dreidimensionaler Entwürfe, die Erprobung von Bauteilen, sowie zur Herstellung von Werkzeugen und Formen. Durch ein nachträgliches Infiltrieren des LOM-Modells mit Harzen kann diesem eine besondere Festigkeit, Hitze-beständigkeit und vor allem Feuchtigkeitsresistenz verliehen werden. Im Vergleich zu anderen Rapid-Prototyping-Verfahren ist das LOM relativ preis-wert und ökologisch, außerdem ermöglicht es Prototypen in sehr großen Abmessungen.

20

jeweils 250×170×25mm

in Serie

Isoflex AB

www.isoflex.se

TRANSPARENTE LEICHTBAUPLATTEN AUS ZELLULOSE Das Ausgangsmaterial für diese Leichtbauplatten ist Zellulose-Azetat. Für die Herstellung dieses thermoplastischen Biokunststoffs löst man Pulpe in Natronlauge und Schwefelkohlenstoff auf. Dabei entsteht reine, transparente Zellulose, der anschließend Glyzerin beigemischt wird. Das fertige Zellulose-Azetat lässt sich zu transparenter Folie verarbeiten, die man bedrucken, kleben und auch schweißen kann. Sie ist nicht sehr gut verformbar und nur in geringem Maße dehnbar. Zellulose-Azetat wird sehr vielfältig eingesetzt, wie zum Beispiel als Textilfaser, Schnürsenkelummantelung, Zigarettenverpackung, aber auch für optische Schichten in Displays. Die Firma Isoflex verarbeitet diese zu den wabenförmigen Leichtbauplatten namens »Moniflex«. Das Material zeichnet sich durch ein geringes Gewicht aus und ist aufgrund seiner Wabenstruktur trotzdem stabil und luftdurchlässig. Darüber hinaus sind die Leichtbauplatten langlebig und robust und biologisch sehr gut abbaubar. Die Platten sind in Materialstärken von 420 bis 1.260 Millimetern und einer maximalen Plattengröße von 635 mal 3.000 Millimetern lieferbar. Aufgrund der sehr guten Feuer- und Flammbeständigkeit sowie einer Hitzebeständigkeit bis 220 Grad C findet das Material als Isolierung für Industriedächer, im Schiffsbau und im Transportwesen Anwendung.

21

von 90×200mm
bis 200×290mm

in Serie

well ausstellungssystem
GmbH

www.well.de

GEPRESSTE ZELLULOSEPLATTEN Zelluloseplatten entstehen, wenn man mit hoher Temperatur und unter hohem Druck Papierbogen verpresst. Unter diesen Bedingungen verbindet sich die Zellulose zu einem festen Werkstoff, der selbst bei geringen Materialstärken noch hohe Stabilität bietet. Wasser oder Zusatzstoffe sind für die Produktion nicht notwendig. Zelluloseplatten existieren auch in Wellenform. Hierzu wird die flache Ausgangsplatte mittels Formatwalze unter hohem Druck (200t), Hitze und Wasserdampf in Wellenform gepresst, dabei erhält die Oberfläche eine feine, leinenartige Struktur. Der wellenförmige Aufbau verleiht dem Plattenwerkstoff orthogonal zur Wellenrichtung eine sehr gute Stabilität. In Wellenrichtung bleibt er bei dünnen Wandstärken flexibel, was ihn für den Bau von gebogenen Bauteilen prädestiniert. Außerdem lassen sich die Platten mit den gängigen Holzbearbeitungsmaschinen weiterverarbeiten und sogar lackieren. Das Material besteht vollständig aus nachwachsender und recyclingfähiger Zellulose und kann mit seinen vielfältigen Verarbeitungsmöglichkeiten andere Plattenwerkstoffe ersetzen.

22

120×120×360mm

in Serie

Leuchte: Prototyp

well ausstellungssystem
GmbH

www.well.de

Designerin:
Stephanie Knust

www.stephanieknust.net

PAPIERFASER-PLATTE Der Plattenwerkstoff »Kraftplex« der Firma Well besteht genau wie Papier vollständig aus reiner Zellulose, besitzt jedoch Material- und Verformungseigenschaften, die denen von Blech und Kunststoffen ähneln. Er verfügt zudem über eine hohe Dichte und ist gleichzeitig sehr biegsam. Hergestellt wird der Werkstoff in einem Prozess, bei dem ausschließlich Wasser, Druck und Hitze zum Einsatz kommen. Für die Herstellung werden Zellulosefasern aus nachhaltig bewirtschafteten Weichholzbeständen verwendet und keine chemischen Zusätze, Bleich- oder Bindemittel eingesetzt. Die Platte ist sowohl mit einer glatten als auch mit einer strukturierten Oberfläche erhältlich. Außerdem lässt sie sich mit Farben, Lacken, Ölen und Wachsen behandeln und wie gewöhnliche Plattenwerkstoffe schneiden, bohren, prägen, fräsen und stanzen. In Materialstärken von 0,8 bis 1,6 Millimetern kann man sie aber auch wie Metallblech faltenfrei und dauerhaft in Form pressen oder tiefziehen. Dies ermöglicht die Herstellung von komplexen, dreidimensionalen geformten Bauteilen in nur einem Verformungsprozess.

26

23

25

CHEMISCH AKTIV

23

210×297mm

in Serie

Strategic Communications
Consulting, SCC

www.vitan-papier.de

PHOTOKATALYTISCHES, LUFTREINIGENDES PAPIER Das photokatalytische Papier besteht zu 60 Prozent aus Zellulose, zu 30 Prozent aus Polyester und zu 10 Prozent aus Titandioxid. Letzteres ist ein ungiftiges weißes Pigment, das Bestandteil vieler Zahncremes ist. Speziell modifiziertes Titandioxid ist aufgrund seiner Kristallstruktur in der Lage, unter UV-Einstrahlung freie Radikale zu bilden, die dann durch Oxydation E.coli-Bakterien und auch andere Krankheitserreger innerhalb von 24 Stunden in einem Raum vernichten. Das photokatalytische Papier entfernt Schadstoffe und Bakterien, indem es die Feuchtigkeit aus der Raumluft aufnimmt und diese mit der Papieroberfläche in Kontakt bringt. Außerdem zerlegt das in dem Papier enthaltene Titandioxid auch Formaldehyd oder Ruß aus Abgasen in ihre Bestandteile und vernichtet Gerüche. In Japan setzt man photokatalytisches Papier zum Beispiel in den traditionellen Schiebetüren oder Lampen ein, als Tapete oder Vorhang dient es in Räumen mit Schadstoffaufkommen zur Luftreinigung. Atemmasken aus diesem Papier bieten in Seuchengebieten guten Schutz.

24

/1: 210×297mm

/2: 95×178mm

in Serie

Awa Paper Mfg. Co., Ltd.

www.awapaper.co.jp

ANTIBAKTERIELLES PAPIER Unter dem Namen »Izi« wird antibakterielles Papier in Japan vertrieben. Es stellt ein Papier mit integrierter Funktion dar, da die Pulpe durch mit Silber-Ionen versetzte Acrylfasern angereichert ist. Das Papier wird in unterschiedlichen Herstellungsverfahren geformt und weiterverarbeitet. Die integrierten Silber-Ionen haben eine sterilisierende Wirkung und vernichten Bakterien, Pilze, Salmonellen und andere Mikroben zuverlässig. Atemmasken aus diesem Papier sind in Japan frei verkäuflich. Da zur Vernichtung der Erreger nur der Kontakt mit dem Papier und nicht etwa wie bei dem photokatalytischen Papier UV-Strahlung notwendig ist, könnte es möglicherweise auch in anderen Hygienebereichen zum Beispiel für Einwegbehälter eingesetzt werden.

25

210×297mm

nicht mehr in Serie

Arjo Wiggins
Feinpapier GmbH

www.arjowiggins.com

PAPIER MIT THERMOCHROMEN FASERN Zentraler Bestandteil dieses Papiers sind Zellulosefasern mit thermochromen Pigmenten, die mit Farbveränderungen auf Temperaturabweichungen reagieren. Inzwischen ist die Materialentwicklung so weit fortgeschritten, dass Farbkombinationen auf vorher definierte Temperaturbereiche abgestimmt werden können. Bei dem vorliegenden Papier verblassen die farbigen Faserflecken ab 23 Grad C, und verschwinden ab 31 Grad C völlig – etwa wenn das Blatt länger in der Hand gehalten wird. Die Farbe kehrt erst zurück, wenn das Papier wieder abgekühlt ist. Die thermochromen Pigmente dienen hier als Effekt für Dekorationspapier. Allerdings soll es in absehbarer Zeit vom Markt genommen werden. Bedeutsam ist jedoch die Tatsache, dass diese Pigmente direkt in den Prozess der Papierherstellung integriert werden konnten. Man könnte also auch vollflächig reagierende Papiere herstellen, deren gesamte Fasern mit thermochromen Pigmenten versehen sind. Aus einem Papier, das bei Wärme seine Farbe ändert, könnten künftig temperaturanzeigende Produkte entstehen.

26

jeweils 74×10mm

in Serie

Munktell Filter AB

www.munktell.se

INDIKATORPAPIERE Hochwertige Baumwollpapiere bilden das Trägermaterial für diese Teststreifen, die mit Indikatorfarbstoffgemischen getränkt sind. So präpariert, ändern sie innerhalb eines bestimmten pH-Bereichs oder bei Vorliegen einer bestimmten Chemikalie ihre Farbe und zeigen damit den Zustand oder Wert an. Der Farbstoff Lackmus ist einer der ältesten und bekanntesten Indikatoren. Darüber hinaus werden Kongorot- oder Phenolphthalein-Papiere benutzt, um auf saure oder alkalische Reaktionen zu prüfen.

27 /1 /2 /3

28 /1

29

27

/1: 20×6×12mm

/2: 20×9×35mm

/3: 55×210mm

Forschung

Papiertechnische
Stiftung (PTS)

www.ptspaper.de

Friedrich-Alexander-
Universität
Erlangen-Nürnberg

www.uni-erlangen.de

KERAMIKPAPIER In der Papiertechnischen Stiftung (PTS) in München wurde ein Keramikpapier entwickelt, in das man neben den üblichen Komponenten Wasser, Papierfasern und Füllstoffe zusätzlich noch präkeramische Zusätze aus Aluminium- und Siliziumpulver sowie Latex einbrachte. Wie gewöhnliches Papier kann es gefaltet, geknickt, gerollt und sogar in industriellen Produktionsverfahren, wie bei der Herstellung von Wellpappe, Falt- oder Wabenstrukturen, dreidimensional verformt werden. Die Vorteile dieser Materialkombination aus Papier und Keramik kommen dann zum Tragen, wenn das Keramikpapier bei 1.600 Grad C gesintert wird. Dabei verbrennen die Papieranteile, und die keramischen Bestandteile verdichten sich zu einem festen Bauteil, das etwa um 15 bis 17 Prozent schwindet. Da es sich um dünnwandige Bauteile aus einem neuen Werkstoff handelt, müssen die Temperaturkurven und der gesamte Brennvorgang sehr präzise geplant und programmiert werden. Dies geschieht an der Friedrich-Alexander-Universität in Erlangen-Nürnberg. Nach dem Sintern entsteht ein papiertechnisch hergestelltes Bauteil mit keramischen Werkstoffeigenschaften sowie sehr guter Druckfestigkeit, Kratzfestigkeit, Chemikalienbeständigkeit, Hochtemperaturbeständigkeit und einem lichtdurchlässigen Weiß als ästhetischem Merkmal. Die Verknüpfung von Produktions- und Formgebungsverfahren aus dem Bereich Papier mit Materialeigenschaften aus der Keramik kann ganz neue Möglichkeiten für die Herstellung von Leichtbaumaterialien und Keramikprodukten bieten. In Zusammenarbeit mit dem PTS München stellt das Werkstoffzentrum Rheinbach inzwischen das erste Produkt aus Keramikpapier mit dem Markennamen »PT-Keramik« her: eine keramische Wellpappe, die als Brennhilfsmittel in Sinteröfen dient. Durch eine Gewichtseinsparung von 60 Prozent gegenüber üblichen massiven Platten resultiert eine Energieeinsparung von etwa 40 Prozent.

28

/1: 25×60×40mm

/2: 95×95×30mm

Experimente

Papiertechnische
Stiftung (PTS)

www.ptspaper.de

Rauschert GmbH

www.rauschert.de

/1: Heinz Strobl

www.knotologie.eu

/2: Christiane Bettens

http://origami-art.org

KERAMIKPAPIER-EXPERIMENTE Die Papiertechnische Stiftung (PTS) in München stellte für die Ausstellung »Paperlab« auf der Messe Design Annual 2007 einige der ersten Meter Keramikpapier zur Verfügung. Es lagen damals kaum Erfahrungen vor, inwiefern dieses Material verformbar ist und welche Festigkeit sich nach dem Brennen ergeben würde. Bis dahin hatte das PTS nur wenige dreidimensionale Muster angefertigt. Um eine Vorstellung davon zu bekommen, welche mechanischen Eigenschaften und auch Konstruktionen mit dem Keramikpapier erreichbar sind, entwickelten wir ein Forschungsprojekt der besonderen Art. Wir baten Origami-Künstler weltweit, das Keramikpapier einem Härtetest zu unterziehen. Sie waren begeistert und schickten das Papier aufwendig gefaltet zurück. Da der Brennprozess mit seinen Temperaturen und Brennzeiten sehr diffizil ist und normalerweise mithilfe von Testreihen an die entsprechende Geometrie angepasst werden muss, zerbrachen leider viele der Keramiken. Dennoch waren die Ergebnisse bezüglich der Verformung sehr wichtig. Es hat sich gezeigt, dass man nun Keramik wie Papier falten und weiterverarbeiten kann.

29

13×13×2mm

Forschung

Papiertechnische
Stiftung (PTS)

www.ptspaper.de

Friedrich-Alexander-
Universität
Erlangen-Nürnberg

www.uni-erlangen.de

LAMINATED OBJECT MANUFACTURING (LOM) FÜR KERAMIK-PROTOTYPEN Das Laminated Object Manufacturing stellt ein Rapid-Prototyping-Verfahren für Papier dar. Durch die Verwendung von Keramikpapier im LOM-Prozess werden erstmals keramische Prototypen in diesem Produktionsverfahren möglich. Die Technologieentwicklung führte der Lehrstuhl für Glas und Keramik an der Friedrich-Alexander-Universität in Erlangen-Nürnberg durch. Für das neuartige Verfahren modifizierten die Wissenschaftler eine LOM-Maschine so, dass sie Keramik-Papier schneiden, kleben und justieren kann. Dies geschah durch den Gebrauch von CO_2-Lasern beziehungsweise Stahlmessern für den Zuschnitt und das Hinzufügen eines Klebemittels für die Fixierung. Die in diesem Prozess entstehenden Objekte werden anschließend gesintert, um feste Bauteile zu erhalten. Erste kleine Turbinenräder sind bereits entstanden.

30

30×8×20mm

Unikat

Dr. Ulrike Krallmann-Wenzel

hikeOD@gmx.de

SILBER-ORIGAMI Die hier abgebildeten Origami-Figuren bestehen aus Silber. Die Origami-Künstlerin Ulrike Krallmann-Wenzel verwendet dazu Folie, die aus feinem Silberpulver und organischem Binder besteht. Aus der Silberfolie lassen sich sehr präzise Origami-Figuren falten. In einem weiteren Arbeitsgang werden sie bei 800 Grad C gesintert, wobei sich der organische Binder auflöst und das reine Silber zurückbleibt. Auf diese Weise kann Silber in einem völlig neuen Formgebungsverfahren bearbeitet werden.

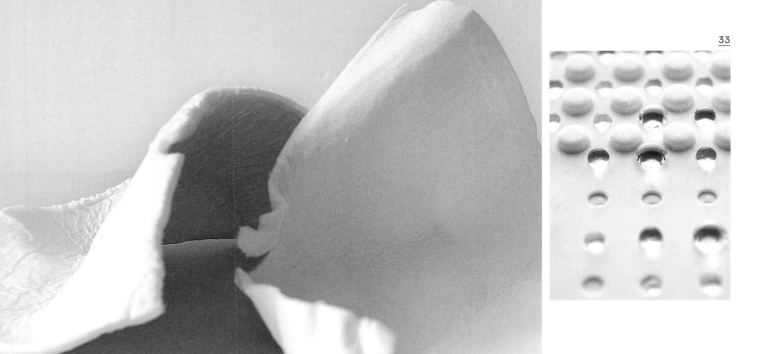

FEUERFEST UND REINIGEND

31

200×250mm

in Serie

Thermal Ceramics UK Ltd.

www.thermalceramics.com

GLASFASERPAPIER Glasfaserpapier wurde als Isolationsmaterial für Temperaturen bis 500 Grad C entwickelt. Um bei diesem Papier eine präzise und gleichmäßige Dicke und Dichte zu gewährleisten, fertigt man es aus hochreinen und gleichmäßigen Borosilicat-Glasfasern. Das Glasfaserpapier wird in unterschiedlichen Abmessungen, Dicken und Festigkeiten von »papierartig« bis »filzartig« hergestellt, außerdem zeichnet es sich durch eine geringe Wärmeleitfähigkeit aus und ist sehr reißfest. Es eignet sich für unterschiedliche Anwendungen wie etwa für die Isolierung in Industrieanlagen oder auch als Brandschutz für den Messebau.

32

200×250mm

in Serie

Thermal Ceramics UK Ltd.

www.thermalceramics.com

FEUERFESTES KERAMIKFASERPAPIER Aufgrund seiner Flexibilität, Reißfestigkeit und Temperaturbeständigkeit verwendet man Keramikfaserpapier vor allem als Dichtungsmaterial im Hochtemperaturbereich. Die in dem Material verarbeiteten Aluminiumoxidfasern sind äußerst hitzebeständig und vertragen Temperaturen bis 1.600 Grad C. Gemeinsam mit einem organischen Binder werden die hochreinen Keramikfasern in einem speziell dafür angepassten Papierherstellungsprozess verarbeitet. Bei der anschließenden Erwärmung auf ungefähr 300 Grad C verflüchtigt sich der geringe Binderanteil, sodass außer Keramik keine weiteren Inhaltsstoffe mehr vorhanden sind. Trotzdem bleibt die für Papier typische Flexibilität erhalten.
Das Papier dient als Trennschicht bei der Herstellung heißer Bauteile in der Glas- und Metallproduktion, als Hitzeschild im Automobilbau oder zur Isolierung in der Luft- und Raumfahrt. Keramikfasern lassen sich zu Papieren und Filzen unterschiedlicher Dicken und Festigkeiten verarbeiten. Die dünnen Papiere kann man stanzen, nähen und falzen, während die festen beziehungsweise watteartigen Filze mit Dicken von 1 bis 50 Millimetern als Isolierungsschicht dienen. Dieser hochtemperaturbeständige Feuerschutz könnte künftig auch im Leichtbau Anwendung finden.

33

400×400×3mm

Prototyp

Hara Design Institute, Nippon Design Center, Inc.

www.ndc.co.jp/hara/home_e/index.html

HAPTIC HUMIDIFIER Für den »Haptic Humidifier« machte sich der japanische Gestalter Kenya Hara das Phänomen der hydrophoben Oberfläche zunutze. Diese lässt Wasser abperlen, ist aber nicht wasserfest im eigentlichen Sinne. Beim sogenannten Lotus-Effekt erreicht die Pflanze dies über viele kleine Erhebungen (Papillen) auf der Oberfläche ihrer Blätter. Das Papier des Haptic Humidifier wurde künstlich mit dem Lotus-Effekt ausgerüstet, indem es mit einem hydrophobischen Aerosol besprüht wurde, das eine papillenähnliche Mikrostruktur auf der Oberfläche erzeugt. Benetzt man nun den Luftbefeuchter mit Wasser, wird dieses nicht aufgesogen, sondern es bilden sich Wassertropfen. Diese Tropfen verfangen sich in den grafisch gestalteten und strukturierten Vertiefungen und führen zu einer ganz neuen Funktionsweise und Produktsprache. Das Verdunsten wird sichtbar.

34

Durchmesser: 355mm

in Serie

Munktell Filter AB

www.munktell.se

TECHNISCHES FILTERPAPIER Löschpapiere und Filterpapiere sind ungeleimte und kaum gepresste Papiere, die aufgrund ihres lockeren Aufbaus feine Kapillare bilden, die für Flüssigkeiten durchlässig sind beziehungsweise diese schnell aufsaugen. Außerdem lässt sich die Porengröße auf die zu filternden Partikel genau abstimmen. Filterpapiere werden in unterschiedlichen Strukturen, Dicken und Formaten aus reiner Zellulose hergestellt. In der Regel sind sie als Rollenware verfügbar, die im Herstellungsprozess zusätzlich gekreppt oder geprägt werden kann. Durch eine solche Form der Weiterverarbeitung verkürzt sich die Filtrationszeit, da sich Oberfläche und Durchflussgeschwindigkeit vergrößern. Filterpapiere sind sehr weich und voluminös.

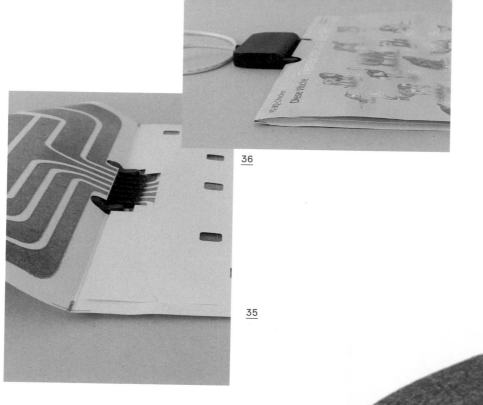

35

36

ELEKTRONISCH

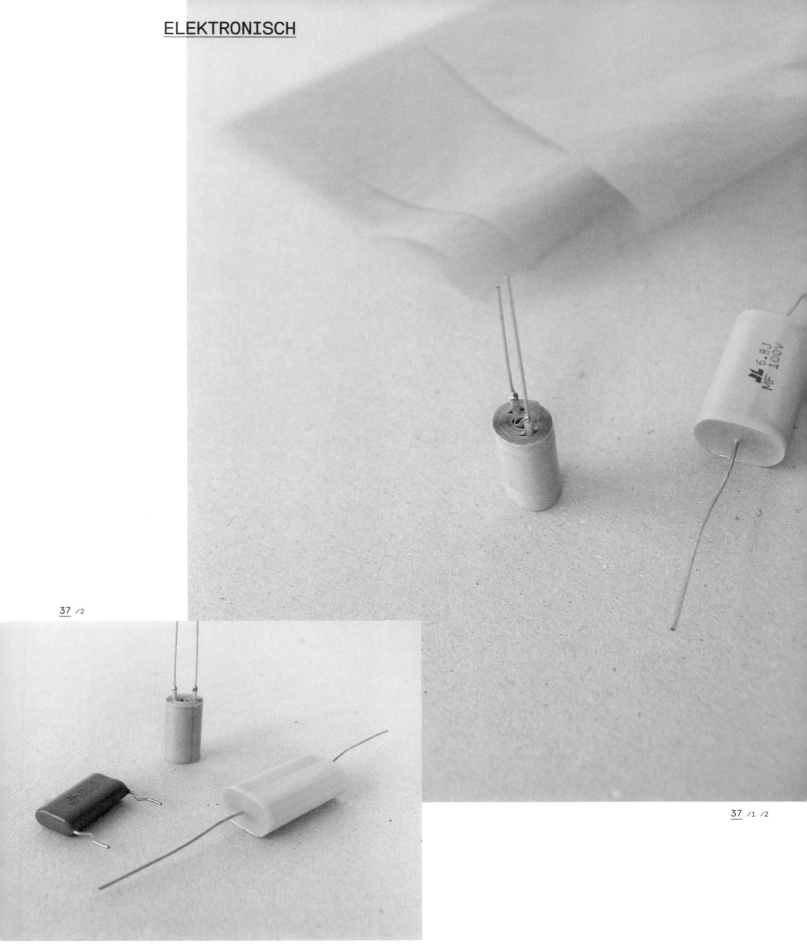

37 /2

37 /1 /2

35

210 × 297 cm

in Serie

Technical Fibre Products Ltd.

www.techfibres.com

KARBONFASERPAPIER Karbon ist äußerst leicht und leitet sehr gut. Es wird bevorzugt bei Hochleistungssportgeräten eingesetzt, die stabil, biege- sowie torsionsfest und natürlich leicht sein müssen. Aber Karbon kann auch zu einer Form von »synthetischem Papier« verarbeitet werden. Denn Karbonfasern lassen sich in Flüssigkeit genau wie Zellulose zu einer Pulpe vermengen, die anschließend für den Faserverbund mit fünf bis zehn Prozent organischem Binder versetzt wird. Auf einem Sieb-Transportband, das als Filter fungiert, wird dem Gemisch die Flüssigkeit entzogen. Schließlich wickelt man das fertige Endlos-Karbonfaserpapier wie normales Papier auf Rollen. Die verwendeten Karbonfasern können 3 bis 25 Millimeter lang sein und je nach Anwendung auch mit Keramik-, Glas- oder Aramidfasern vermischt werden. Reines Karbonfaserpapier stellt man in einer Grammatur bis zu 800 g/m^2 her. Die papierartige Faserstruktur erlaubt ein problemloses Schneiden, Stanzen, Wasserstrahlschneiden und Biegen des Materials. Aufgrund der sehr guten elektrischen und thermischen Leitfähigkeit und der hohen Hitzebeständigkeit dient Karbonfaserpapier als Abschirmungsmaterial gegen elektromagnetische Strahlung und als Brand- und Blitzschutzmaterial. Aus dem gleichen Grund wird es zunehmend auch als ultradünne, aber hocheffizient leitende Schicht eingesetzt, zum Beispiel bei Sitzheizungen, Batterie-Elektroden und Brennstoffzellen. Das Karbonfaserpapier könnte künftig für die Konstruktion von Leichtbauteilen interessant werden, bei denen die Wandstärken dünner als die üblichen Karbongewebe sein müssen. Es wäre auch denkbar, Karbon- und Zellulosefasern miteinander zu vermischen, um daraus Papier herzustellen. Dies wird noch nicht praktiziert, aber ein solches Verfahren könnte für die Herstellung von elektrisch leitfähigem Papier bedeutsam sein.

36

210×297mm

Technologie

printed systems GmbH

www.printed-systems.de

POLYTRONIK Die Entwicklung von elektrisch leitfähigen, leuchtenden, magnetischen oder optischen Funktionspolymeren eröffnet neue Möglichkeiten bei der Herstellung von elektronischen Schaltkreisen, da sie die Integration von Metallbauteilen erübrigt. Neben integrierten Schaltungen können bereits Displays, Halbleiter, Leuchtdioden, Batterien, Sensoren und Solarzellen aus Polymeren entweder im Labor oder teilweise auch schon als Serienprodukt hergestellt werden. Eine vielversprechende Entwicklung beruht auf der Entwicklung flüssiger Funktionspolymere – und trägt die Bezeichnung Polytronik (Polymer-Elektronik). Die flüssigen Funktionspolymere werden wie Tinte oder Farbe in verschiedenen Druckverfahren auf Folien und Papiere aufgebracht. Dies bedeutet, dass Schaltkreise schnell, günstig und mit minimalem Materialaufwand im kontinuierlichen Rolle-zu-Rolle-Druckverfahren auf Bogen, Rollenmaterialien und andere zugeschnittene Formate gedruckt werden können. Heute entstehen auf diese Weise lediglich einfache Schaltungen und Antennen. An diversen Forschungsinstituten wird jedoch intensiv daran gearbeitet, künftig komplexe, langlebige und anspruchsvolle Systeme serientauglich zu realisieren. Dies böte ein ganz neues Potenzial für die Entwicklung und Integration von elektronischen Bauteilen und Mikrobauteilen. Auf diese Weise würde der Chip selbst zum Gehäuse, und dies auf dünnem, faltbarem Papier.

37

/1: 210×297mm

/2: von 11×11×19mm
    bis 17×10×30mm

in Serie

Spezialpapierfabrik
Oberschmitten GmbH

www.spo-gmbh.de

ISOLIERPAPIER Durch den Einsatz von hochreiner Spezialzellulose und deionisiertem Wasser produziert die Spezialpapierfabrik Oberschmitten elektrotechnisches Papier, das absolut nicht leitend ist. Diese Eigenschaft erhält es durch eine feine Mahlung, die Reinigung der Pulpe sowie eine sehr starke Verdichtung des Papiers unter Hitze und Druck. Durch dieses spezielle Walzverfahren bekommt das Papier zudem Glanz, Glätte sowie Transparenz. Die hauchdünnen Papierschichten wurden bisher als isolierende Zwischenlage in Kondensatoren oder als Kabelummantelung eingesetzt. Jedoch könnten die isolierenden Eigenschaften auch für die Massenanwendungen in der Polytronik (wie etwa organische Leuchtdioden) interessant werden, da das Isolierpapier gleichzeitig Trägermaterial für Schaltkreise und Isolator wäre. Durch Faltung oder Sandwichaufbau könnte es zur Herstellung struktureller Bauteile dienen.

38

210×297mm

Forschung

Marcelo Coelho, Research
supported by MIT Media Lab
and XS Labs

www.cmarcelo.com

39

/1: 90×125×0,02mm

Forschung

/1: Florida
    State University

www.fsu.edu

Fraunhofer-Institut für
Grenzflächen- und
Bioverfahrenstechnik IGB

www.igb.fraunhofer.de

Rensselaer Polytechnic
Institute (RPI)

www.rpi.edu

PULP-BASED COMPUTING In einem erstaunlichen Forschungsprojekt, das sich der Thematik »Computer aus Papier« widmete, verbanden Forscher am MIT traditionelle Handwerkskunst und Computertechnologie. Um verschiedene Fasern, Farben und Strukturen einzuarbeiten, schöpft man Japan-Papier in mehreren Lagen. Durch das Verpressen und Trocknen gehen die Papierfasern der nacheinander geschöpften Lagen eine sehr feste Verbindung miteinander ein. Diese Schöpftechnik nutzten die Forscher, um elektrische Tinte, leitende Fasern, LEDs und andere intelligente Materialien in das Papier einzubetten. Mit dieser klassischen Papierschöpfmethode haben die Wissenschaftler Sensoren, Aktuatoren und Schaltkreise mit den Eigenschaften von Papier verknüpft. So entstanden nahtlose Papier-Komposite, die ganz neue Konstruktionsmöglichkeiten für elektronische Bauteile mit sich bringen. Besonders faszinierend sind die ästhetischen und haptischen Qualitäten.

BUCKY PAPER »Bucky Paper« besteht nicht aus Zellulosefasern, sondern aus Carbon Nanotubes. Dies sind extrem leichte Röhrchen mit einem Durchmesser von einem Fünfzigtausendstel des menschlichen Haars. Sie setzen sich aus Carbon-60-Molekülen, den sogenannten »Bucky Balls«, zusammen, deren besondere Anordnung – ähnlich Fullers geodätischen Kuppeln – für eine enorme Stabilität sorgt. Dadurch sind sie sehr leicht und etwa doppelt so hart wie Diamanten. Die Herstellung von »Bucky Paper« erfolgt in einem papierähnlichen Prozess: Die Carbon Nanotubes schwimmen in einer Tensidlösung und werden auf Filtern getrocknet. Durch die Kombination von enormer Stabilität mit minimalem Gewicht und sehr guter Leitfähigkeit entsteht ein Papier mit faszinierenden Eigenschaften. Das »Bucky Paper« kann zum Beispiel als ultradünne, ultraleichte leitende Schicht für sehr gleichmäßige Display-Beleuchtung oder für effiziente Wärmeleiter in elektronischen Geräten eingesetzt werden. Die Flexibilität und Verformbarkeit ermöglichen Miniaturisierung und Leichtbau. Carbon Nanotubes dehnen sich in Elektrolytlösung unter kleiner Spannung (1–3 Volt) aus. Aufgrund dieser Eigenschaft könnte das »Bucky Paper« als Aktuator und somit als künstlicher Muskel eingesetzt werden – zum Beispiel, um kleinste Ventile in der Medizintechnik zu realisieren. Forscher des Rensselaer Polytechnic Institute verfolgen einen weiteren Weg: Sie bringen durch »Infusen« zehn Prozent Carbon Nanotubes in normales Papier ein. Dies ergibt ein schwarzes, dünnes Papier, das ein sehr gutes elektrisches Speichervermögen besitzt. Durch das Hinzufügen trockener Ionenflüssigkeit als Elektrolyte entsteht daraus eine sehr leistungsfähige Batterie oder ein Hochleistungskondensator, die in einem Temperaturbereich zwischen 150 und −40 Grad C einsetzbar sind. Künftig soll der Prozess des »Infusens« durch einen großserientauglichen Druckprozess ersetzt werden. Die Carbon Nanotubes gelten als eine der zukunftsträchtigen Technologien und werden bereits in großen Mengen produziert – was die Entwicklung und Produktion von sehr leichten, dünnen, faltbaren, rollbaren, stapelbaren, effizienten und günstigen Batterien in Aussicht stellt.

41

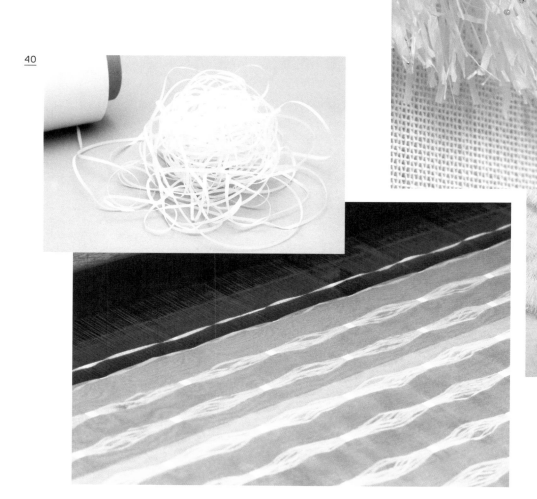

40

42

43

40

Breite: 115 cm

in Serie

NUNO Corporation

www.nuno.com

Designerin: Reiko Sudo

PAPIERSEIDETEXTIL Das »Slipstream Fabric No. 9–188« besteht aus reiner Seide und dem japanischem Mino-Papier. Das Papier wird aus den Fasern des Maulbeerbaums (japanisch: Kozo) in traditioneller Handarbeit hergestellt und zeichnet sich durch eine besondere Stabilität aus. Die Reißfestigkeit ist der Grund dafür, dass es sich sehr gut für Papiertextilien (japanisch: Shifu) eignet. Für »Slipstream« legt man dünne Streifen von Mino-Papier lose zwischen zwei Streifen Seiden-Organdy und verwebt diese miteinander. Durch die Kombination der beiden Materialien entsteht ein Textil, das sowohl strapazierfähig als auch fein wie dünne Seide ist. Die Firma NUNO und insbesondere die Designerin Reiko Sudo kombinieren in ihren Textilien traditionelle japanische Web- und Batiktechniken mit neuen Materialien und Technologien.

41

220 × 295 mm
Fransenlänge: 110 mm

Unikat / in Serie

Annemette Beck

www.annemette-beck.dk

PAPIERWANDTEPPICH Annemette Beck ist Textildesignerin und experimentiert in ihrem Studio viel mit unterschiedlichen Garn-Materialien, die sie zu innovativen Textilien verwebt. Es entstehen Teppiche und Möbelbezüge in verschiedenen Farben. Vor allem bei den hinterleuchteten Vorhängen werden die schönen Strukturen sichtbar. Die hier gezeigten Arbeiten sind aus Papiergarn, welches materialbedingt relativ steif und sperrig ist. Dadurch verleiht es den Textilien besondere Texturen, wie bei der Arbeit »Chanel«, die durch ihre Fransen bezaubert.

42

140×120×30mm

in Serie

Danskina

www.danskina.com

PAPIERTEPPICH Für die holländische Firma Danskina hat Ulf Moritz diesen ein wenig »zerzausten« Teppich namens »Papyra« gestaltet. Durch seine widerspenstigen Papierfasern verfügt er über eine ungewöhnliche Haptik und einen schönen, raschelnden Klang, wenn man darauf geht. Damit sich die ungezwirnten, nicht verdichteten Papierfäden als Teppichmaterial eignen, sind sie mit einem Wachs beschichtet, das sie wasser- und schmutzresistent werden lässt. »Papyra« besteht zu 45 Prozent aus Papier und zu 55 Prozent aus Schurwolle. Papier- und Wollfäden werden zu einem 40 Millimeter dicken Teppich handgetuftet, der sich aufgrund dieser Materialkombination als formstabil erweist und sich nach jedem Staubsaugen wieder aufplustert. Erstaunlicherweise ist der Teppich so unempfindlich, dass er auch im Objektbereich eingesetzt werden kann.

43

Fadenstärke: 2mm

Experiment

Greetje van Tiem

www.greetjevantiem.nl

GARN AUS ALTPAPIER Zeitungen sind schon nach einem Tag alt und wertlos. Eine schöne Lösung, den Lebenszyklus des Altpapiers zu verlängern, hat die Holländerin Greetje van Tiem gefunden. In ihrer Abschlussarbeit »Recycling Daily News« an der Design Academy Eindhoven 2007 verspann sie altes Zeitungspapier zu einem Garn. Aus einer Zeitungsseite, so sagt Greetje van Tiem, entstehen mindestens 20 Meter Garn. Der strapazierfähige und stabile Faden kann gewebt, gestrickt, gehäkelt und geknüpft werden. Die Farben entstehen durch die Druckfarbe und sind ein Ausdruck für die eingearbeiteten Erinnerungen, Fakten, Daten und Bilder. Außer dem hier gezeigten gewebten Teppich sind auch Vorhänge und Sitzelemente entstanden — deren Farbechtheit jedoch nicht garantiert werden kann.

44 /1

45

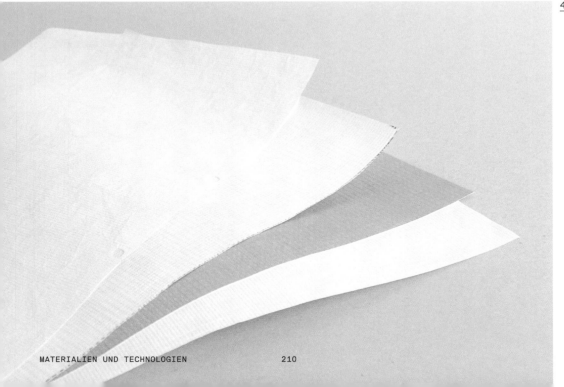

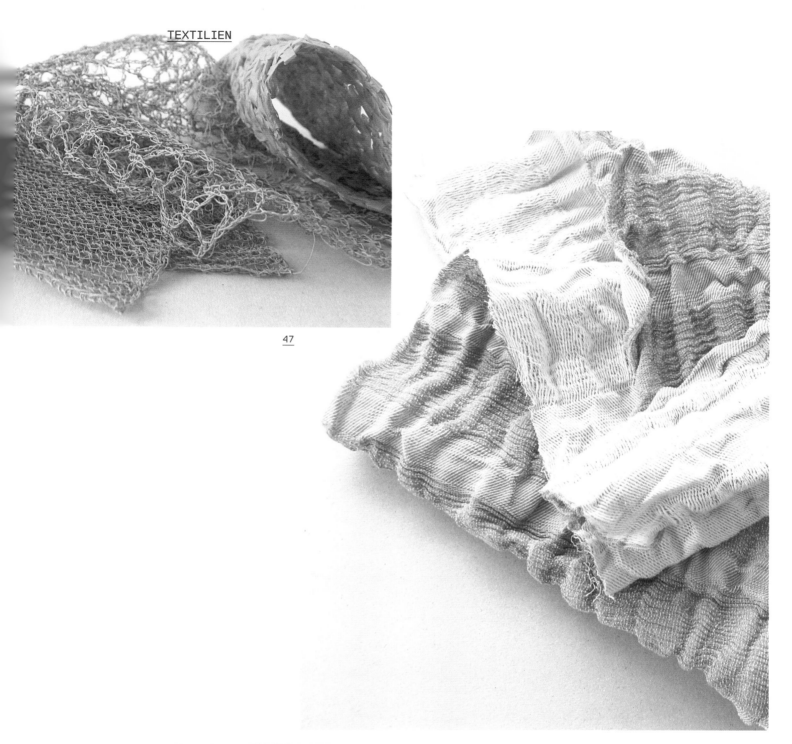

47

46

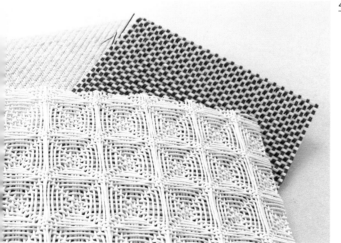

44

17×85mm

in Serie

Kamihimo, Ueda
Industrial Co., Ltd.

www.kamihimo.jp

WASSERFESTE PAPIERSCHNÜRE Das japanische Papier Washi zeichnet sich durch eine außerordentliche Stabilität und enorme Reißfestigkeit aus. Es bildet das Ausgangsmaterial für die hier vorgestellten Papierschnüre. Kamihimo, japanisch für Papierschnur, bezeichnet lange Kordeln, die zu Bändern verklebt werden. Diese Bänder sind wasserfest, sehr stabil und reißfest und werden ein- und mehrfarbig hergestellt. Bei der Produktion wird zunächst Papier auf breiten Rollen je nach Grammatur zu etwa 20 bis 100 Millimeter breiten Papierstreifen geschnitten und anschließend in speziellen Maschinen zu einer Schnur gedreht. Danach werden die Papiergarnspulen in einem kontinuierlichen Prozess durch ein Klebemittelbad gezogen und nebeneinander zu flachen Bändern verklebt und verpresst.

Je nach ursprünglicher Papierfarbe sind auch die Schnüre unterschiedlich gefärbt, und ein einzelnes Band kann auch aus verschieden farbigen Schnüren bestehen. Die Herstellung dieser Papierbänder ist auch Basis für ein altes japanisches Handwerk — das Flechten von Papierbändern zu dekorativen Figuren, Körben, Taschen, Matten, Sandalen, Boxen oder anderen Behältern. Aufgrund der enormen Widerstandsfähigkeit bespannt man auch Sitzflächen mit dem Material. Darüber hinaus bestehen auch einige Tornetze der deutschen Bundesliga aus Kamihimo, was wohl als hinreichender Beweis für die Wetter- und Reißfestigkeit des Materials gelten dürfte. Sind die Tore dann doch irgendwann zerrissen, können sie in den Kompost, da sie biologisch abbaubar sind.

45 →

siehe Projekte D34/D44/
D48/D58/D62/D117/D144

210×297mm

in Serie

DuPont de Nemours
(Luxembourg) S.à r.l.,
Tyvek®

www.dupont.com

PAPIERVLIESARTIGES FASERFUNKTIONSTEXTIL (TYVEK) Tyvek ist ein papiervliesartiges Funktionstextil, das die physikalischen Eigenschaften von Papier, Folie und Textilien miteinander kombiniert.

In dem sogenannten »Flashspinning Process« werden zunächst HDPE-Kunststoff-Fibride hergestellt. Dabei wird der Kunststoff in einem Wasser-Lösungsmittel-Gemisch unter Druck und Hitze emulgiert. Beim Spritzen der Emulsion durch eine feine Düse in einem Vakuum verdampft das Lösungsmittel, die Temperatur sinkt und der Kunststoff formt durch Kristallisation Fibride.

Die so entstandenen »Fäden« werden dann auf einem Netz verteilt und durch Hitze und Druck — ohne jegliche Bindemittel oder Füllstoffe — verbunden. Durch Veränderung der Legegeschwindigkeit und der Verpressparameter können verschiedene Strukturen und Oberflächen erzeugt werden. Das Material ist zu 100 Prozent recycelbar.

Tyvek verhält sich in Bezug auf seine Verformbarkeit ähnlich wie weiches Papier. Es knittert, kann vernäht, verklebt und verschweißt werden. Es ist wasserdicht, chemikalienbeständig und vor allem extrem reißfest und strapazierfähig. Tyvek wird in den unterschiedlichen Versionen hergestellt, wobei Dicke, Gewicht und Oberflächenstruktur variieren, außerdem lässt es sich antistatisch beschichten. Von der Verpackungsindustrie wird es als dauerhaftes »synthetisches Papier« in unterschiedlichen Bereichen von Medizin bis Automobil eingesetzt. Overalls aus Tyvek entsprechen Reinraumanforderungen, da das Material nach außen keine Fusseln oder Partikel abgibt, von innen nach außen keine Haut- oder Kleidungspartikel durchlässt und dabei trotzdem atmungsaktiv ist. Sie werden als Schutzanzüge zum Beispiel in Lackieranlagen, im Operationssaal und in der Spurensicherung eingesetzt. In der Architektur findet das »synthetische Papier« als atmungsaktive Sperrschicht zu Isolierungszwecken Anwendung.

46

148×210mm

in Serie

Somic p.l.c

www.somic.co.uk

PAPIERGEWEBE Ausgangsmaterial für die Papiergewebe ist ein Rohpapier, das aus Holz von nachhaltig bewirtschafteten Plantagen in Skandinavien hergestellt wird. Bei der Herstellung dieses Papiers wird darauf geachtet, dass die Fasern von ausreichender Länge sind, da diese dem späteren Papiergarn die besondere Festigkeit verleihen. Aus den Papierrollen werden Streifen zwischen 7 und 45 Millimetern geschnitten und diese anschließend zu Garnen gedreht.

Das Papiergarn wird in verschiedenen Farben und Stärken hergestellt und dann zu Geweben in verschiedenen Mustern, Festigkeiten und Farbkombinationen bis zu einer Breite von 180 Zentimetern als Rollenware verarbeitet. Die Gewebe können recycelt werden und bestehen ausschließlich aus umweltfreundlichen beziehungsweise nachwachsenden Rohstoffen.

Aus den Papiergarnen werden seit den Dreißigerjahren die Lloyd-Loom-Möbel hergestellt. Weitere Anwendungen sind: Lampenschirme, Wandbespannungen, Trennwände, Möbelbespannungen, Schuhe, Taschen, aber auch Filter in Filtrationsanlagen.

47

800×500mm

Unikat

Marian de Graaff

mariandegraaff@hotmail.com

GEHÄKELTE/GEWEBTE PAPIERTEXTILIEN Im Rahmen eines Stipendiums erforschte Marian de Graaff im Jahr 2000 die textilen Verarbeitungsmöglichkeiten von Papier. De Graaffs Stoffe entstanden sowohl per Handarbeit als auch auf herkömmlichen Webmaschinen. Die von Hand gehäkelten Textilien erhalten in Abhängigkeit von der Dicke und Verarbeitung des Papiergarns sowie der Nadelstärke und Maschenart ganz unterschiedliche Strukturen. Die hierfür verwendeten Garne sind teilweise sehr fein und bestehen ausschließlich aus Papier. Darüber hinaus hat Marian de Graaff mit Mischgeweben experimentiert, die auf Webmaschinen hergestellt werden können. Das Papier-Baumwoll-Gewebe zum Beispiel zeichnet sich durch eine besondere Festigkeit aus und kann, obwohl es zum Teil aus Papier besteht, bei 60 Grad C in der Waschmaschine gewaschen werden.

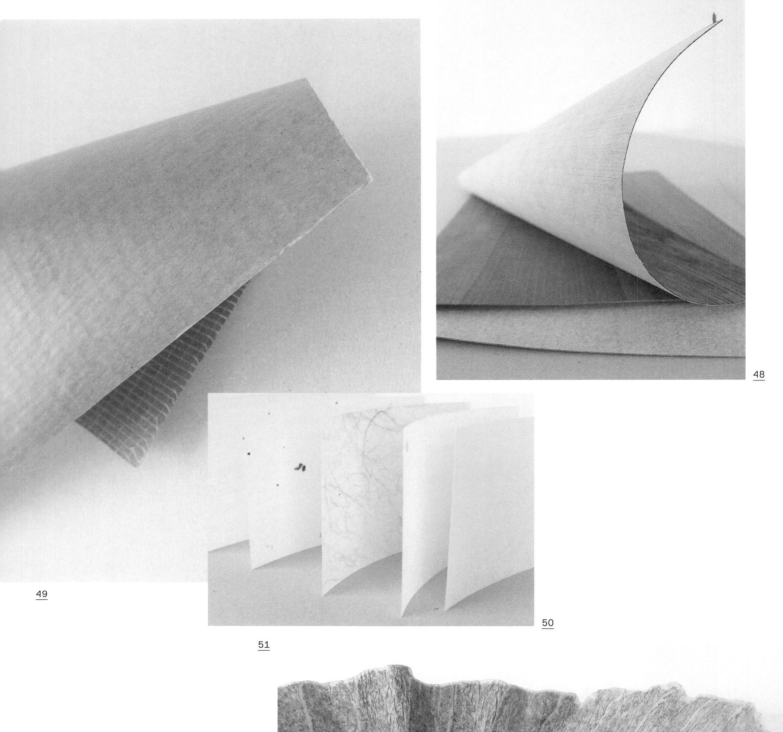

48

49

50

51

KOMPOSITE UND LAMINATE

48

210×297mm

in Serie

Schorn & Groh GmbH

www.sg-veneers.com

HOLZFURNIER-VLIES Das sehr dünne und biegbare »fleece'n'flex« besteht aus einem Echtholzfurnier und einer Schicht aus Zellulose-Vlies, die unter hohem Druck miteinander verleimt werden. Hinsichtlich der späteren Weiterverarbeitung oder Nutzung können unterschiedliche Kleber eingesetzt werden, die sowohl Stabilität, Festigkeit und Feuchtigkeitsresistenz als auch Hitze- und Feuerbeständigkeit beeinflussen. Das Zellulose-Vlies lässt sich gut mit verschiedenen Untergründen verkleben, dazu gehören Wabenplatten sowie dreidimensionale Kunststoffbauteile.
Das Holzfurnier-Vlies zeichnet sich durch eine besondere Elastizität aus. Darum eignet es sich für mehrdimensionale Verformungen und wird vorwiegend im Automobilcockpit sowie im Flugzeug- und Schiffsbau eingesetzt. Die Holzfurnierpapiere gibt es in verschiedenen Standardmaßen. Sonderformate können aus einem Sortiment von 140 Holzarten hergestellt werden.

49

210×297mm

in Serie

Hermann Nawrot AG

www.nawrot.de

ÖLKRAFTPAPIER Kraftpapier ist extrem reißfest. Um diese hohe Widerstandsfähigkeit zu erreichen, verwendet man für die Fertigung das Holz langsam wachsender Nadelbäume. Ihre langen und reißfesten Fasern sorgen für die nötige Stabilität. Kraftpapier ist braun und wird meist als Verpackungsmaterial eingesetzt, aber es gibt auch andere Produkte.
Als Ölpapier bezeichnet man Kraftpapier, das durch die Imprägnierung mit Paraffin wasserabweisend wird. Das Ölpapier ölt oder fettet nicht, es schützt verpackte Produkte aus Metall vor Feuchtigkeit und damit vor Korrosion. Außerdem verpacken etwa Automobilzulieferer eingefettete Bauteile damit, um zu gewährleisten, dass das Öl nicht vom Papier aufgesogen wird oder durchschlägt. Ölpapier dient auch dazu, Produkte »seefest« zu machen, damit sie per Schiff transportiert werden können. Das Material existiert in verschiedenen Grammaturen sowohl einlagig als auch kaschiert sowie mit einer zusätzlichen Verstärkung aus einem weitmaschigen Gazegewebe.

50

105×148mm

in Serie

Bernd Kuhn &
Yasuko Tamaru GbR

www.takumi.de

REISSFESTES UND LAMINIERTES WASHI-PAPIER Das handgeschöpfte Washi ist lichtdurchlässig, aber undurchsichtig und wurde früher vorwiegend für die Shoji-Schiebetüren japanischer Häuser und für Lampenschirme verwendet. Die Herstellung von Washi ist eine besondere Handwerkskunst, deren Varianten vielfältig sind. Die Kombinationen von unterschiedlichen Fasern und Farben sowie die Einbettungen pflanzlicher Bestandteile, aber auch die Anordnung der Langfasern in übereinander geschöpften Schichten scheinen unbegrenzt. Um Washi-Papier auch in öffentlichen Bereichen einsetzen zu können, wurden unterschiedliche Laminate entwickelt. Das reißfeste Washi-Papier besitzt einen dreischichtigen Aufbau mit einer Mittelschicht aus einer transparenten Kunststofffolie (PET). Eine andere Variante besteht aus einer Mittellage aus Washi-Papier und zwei Deckschichten aus Kunststoff. Dieses Laminat ist wasserfest und zudem schwer entflammbar und wird etwa in Badehäusern eingesetzt.

51

Durchmesser: 400mm
Wandstärke: 1,5mm

Unikat

Marian de Graaff

mariandegraaff@hotmail.com

ALGENSCHALE Die hier gezeigte Schale besteht aus Algen- und Papierblättern und wurde von Hand in Form gelegt. Sie hat einen Durchmesser von rund 40 Zentimeter und eine Wandstärke von ungefähr 1,5 Millimeter, die zu den Rändern hin hauchdünn ausläuft. Das Algenpapier ist enorm zäh, relativ reißfest und verleiht der großen Schale eine sehr gute Festigkeit. Das handwerklich hergestellte Einzelobjekt ist für den Bereich der technischen Papiere interessant, da es die Möglichkeiten eines alternativen Rohstoffs erforscht. Algen können sehr schnell wachsen und stellen eine bisher fast ungenutzte Ressource dar. Wie das Projekt zeigt, könnten sie künftig vielleicht sogar für die Papierherstellung genutzt werden, um wertvolle Waldbestände zu schonen.

52

210×297mm

Technologie

Dr. Mirtsch GmbH

www.woelbstruktur.de

WÖLBSTRUKTURIERTES PAPIER Als Wölbstrukturierung™ wird ein Strukturierungsverfahren aus der Bionik bezeichnet, das dünnen Materialien eine zusätzliche Steifigkeit und Festigkeit verleiht. Wölbstrukturierte Papiere, Pappen oder Bleche sind hervorragende Leichtbaumaterialien, da sie bei minimaler Stärke und Gewicht über maximale Festigkeit verfügen. Der Prozess findet ohne Werkzeuge, Pressen oder Stanzen statt und basiert auf einem faszinierenden Selbstorganisationsvorgang. Das Papier wird zunächst in eine definierte zylindrische Krümmung gebracht und von innen lediglich durch Auflageringe abgestützt. Dann belastet man es mit einem äußeren und vergleichsweise geringen Druck, dem das Papier nur bis zu einem gewissen Punkt standhält, dann nimmt es eine instabile Zwischenlage ein. Genau an diesem Punkt stabilisiert sich das Material durch einen spontanen Selbstorganisationsprozess, indem es aus der konvex gekrümmten Fläche regelmäßige, dreidimensionale Wabenstrukturen bildet. Wird der Belastungsdruck nicht weiter erhöht, bleibt die Wölbstruktur erhalten, und das Papier reißt nicht, sondern wird wesentlich biegesteifer und fester. Dieses beschriebene Verfahren wurde von der Dr. Mirtsch GmbH weiterentwickelt, modifiziert und für die technische Produktion angepasst. Aus wölbstrukturiertem Papier lassen sich etwa Becher oder Verpackungen herstellen. Das biegesteife Papier mit einer einwandfreien Oberflächengüte könnte aber durchaus auch hochwertigere Aufgaben übernehmen. Die Dr. Mirtsch GmbH strukturiert mit diesem Verfahren gegenwärtig Metallbleche und -folien. Eingesetzt werden sie zum Beispiel für Waschmaschinentrommeln, Sitzbank-Rückwände in Automobilen oder als blendarmer, sehr leichter Leuchtenreflektor.

53

von 11×6mm bis 110×20mm

Technologie

Manz Automation
Tübingen GmbH

www.manz-automation.com

TIEFGEZOGENES PAPIER Auch Papier lässt sich wie Folie oder Blech tiefziehen. Dieses Verfahren findet etwa bei der Herstellung von Käseschachteln Anwendung. Dabei werden auf entsprechende Größe gestanzte Pappen stapelweise in eine Maschine gefüllt. Nacheinander gelangt eine Scheibe nach der anderen in das Werkzeug und wird dort zwischen zwei Werkzeughälften über einen leicht konischen Stempel gezogen. Der Druck ist so hoch, dass sich die Falten zu einem glatten und sehr stabilen Rand verdichten, der noch im gleichen Werkzeug beschnitten wird. In einer weiteren Maschine wird dann der Rand kalibriert, damit der Schachteldeckel perfekt auf den Schachtelboden passt. Schachteln aus tiefgezogenem Papier können in unterschiedlichsten Größen hergestellt werden, wobei die Kantenhöhe zwischen 6 und 65 Millimeter betragen kann. In der Regel wird Duplexkarton in einer Grammatur von 450g/m² verwendet. Natürlich können nicht nur Käseschachteln tiefgezogen werden. Alle Geometrien, die sich in eine Richtung entformen lassen, sind für das Tiefziehen geeignet — und dies bis zu 100 Stück pro Minute.

WABENSTRUKTUREN

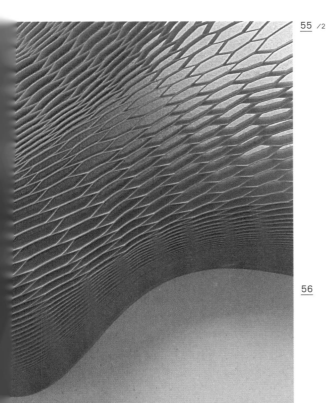

54

56

54 →

siehe Projekte b102/b166

148×210mm

in Serie

Fest-Dekor GmbH

www.fest-dekor.at

WABENPAPIER Wabenpapiere bestehen aus Seidenpapier. Zur Herstellung versieht man große Papierbögen mit geraden, hauchdünnen Klebenähten, die parallel über den ganzen Bogen laufen. Die Abstände zwischen ihnen sind in der Regel gleich. Abwechselnd Schicht für Schicht sind die Klebenähte zueinander versetzt: Dort, wo vorher eine Lücke war, befindet sich auf dem nächsten Papierbogen ein Klebestrich und so weiter. So entstehen Waben, die beim Auffächern sichtbar werden. Wabenpapier wird überwiegend als Verpackungs- und Bastelpapier verwendet. Die Faszination, dass beim Auseinanderziehen des flachen Papiers ein dreidimensionales Volumen mit erstaunlicher Festigkeit entsteht, ist wohl der Grund dafür, dass dieses Material von Architekten und Designern immer wieder verwendet wird. Um die Produkte langlebiger zu machen, spricht nichts dagegen, wetterfeste, reißfeste oder laminierte Papiere zu Wabenpapier weiterzuverarbeiten. Die mechanischen Eigenschaften wie Stabilität und Druckfestigkeit lassen sich durch den Einsatz von stabilen, dicken Papieren deutlich erhöhen.

55

/1: 125×40mm
(Breite variabel)

/2: 80×150mm

in Serie/Experiment

Honicel Worldwide B.V.

www.honicel.com

WABENPLATTEN UND 3D-WABENSTRUKTUREN Wabenplatten bestehen aus Wabenpapieren, die in dünne Streifen geschnitten und dann aufgefächert zwischen zwei Papierdeckschichten geklebt werden. Durch die Verwendung verschiedener Papierqualitäten und Wabengrößen lassen sich unterschiedliche Druckfestigkeiten erzielen. Das Wabenpapier wird mit einer Furnierschneidemaschine zugeschnitten. So können Blöcke mit einer Dicke von 100 Millimetern in schmale Streifen von etwa fünf Millimetern geschnitten werden. Die aufgefächerten Wabenstreifen sind flexibel formbar und können auch auf dreidimensional verformte Deckschichten kaschiert werden.
Eine Besonderheit stellt die hier gezeigte orangefarbene Wabenform dar: Hier wird das Wabenpapier entlang freier Konturen geschnitten, sodass beim Auffächern ein dreidimensionaler Körper entsteht. Dabei handelt es sich nicht um eine Standardanwendung, aber eine Serienproduktion wäre durchaus vorstellbar. Außerdem stellt die Firma Honicel wasserfeste Wabenstrukturen aus phenolimprägniertem Papier her.

56 →

siehe Projekte B116

500×300mm

in Serie

molo design, ltd.

www.molodesign.com

PRODUKTE AUS WABENPAPIER Eine komplette Möbelkollektion hat die kanadische Firma molo design aus Wabenpapier entwickelt. So besteht die Hockerserie »softseating« aus dickem Kraftpapier, das sehr hohen Belastungen standhält. Je nach Anzahl der Papierschichten kann das Wabenpapier zu unterschiedlich großen Hockern und Sitzbänken aufgebaut werden. Im zusammengelegten Zustand lassen sich die Möbel wie große Bücher aufbewahren. Neben diesen »Wabensitzen« hat molo design auch Leuchten und flexible Trennwände aus dem Wabenpapier entwickelt. Die Möbel bestehen, wenn man von dem Magnetverschluss absieht, ausschließlich aus Papier, das zu hundert Prozent recycelbar ist.

59

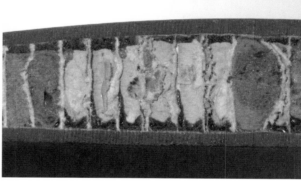

58

57 /1 /2

WABEN-FORMTEILE

57

/1: 210 × 297 × 70 mm

/2: 210 × 297 × 40 mm

in Serie

Lud. Kuntz GmbH,
Elka Holzwerke

www.elka-holzwerke.de

MASSIVHOLZ-WABENPLATTE Die Kombination dieses Plattenwerkstoffs aus zwei Massivholz-Deckschichten und einem Papierwabenkern in der Mitte stellt sowohl eine neue Entwicklung im Bereich der Plattenwerkstoffe als auch im Massivholzbau dar. Sie repräsentiert zwei zentrale Arbeitsgebiete in der aktuellen Werkstoffentwicklung: den Leichtbau und die Verarbeitung nachwachsender Rohstoffe. Außerdem steht dieses Halbzeug für ökologische Kriterien, wie etwa Verzicht auf schadstoffhaltige Lösungsmittel, ressourcenschonenden Materialeinsatz und Recycling. Die Kombination von Wabenkern und Massivholzdecklagen verleiht der Platte optimale Stabilität, hohe Biege- und Querzugfestigkeit. Die Deckschichten bestehen aus etwa acht Millimeter dicken, verleimten Massivholzbrettern in Fichte oder Douglasie, während der Wabenkern in der Höhe variieren kann. Die Platten existieren in den Stärken 30, 40 oder 70 Millimeter bei einer Standardgröße von 5,20 mal 2,05 Metern. Mit einem spezifischen Gewicht von 110 bis 170 kg/m2 wiegt sie nur etwa 25 Prozent einer herkömmlichen Spanplatte. Bemerkenswert ist bei dieser Materialkombination, dass Papierwaben einem Massivholzprodukt Stabilität verleihen. Genauso ungewöhnlich erscheint der Kontrast zwischen den beiden Materialien, die beide aus Baumstämmen gewonnen werden.

58

Wabenkern 16 mm
Materialstärke: 21 mm

in Serie

SWAP (Sachsen) GmbH

www.swap-sachsen.de

Wayand AG

www.wayand.de

SINUS-WABENPLATTEN FÜR FORMTEILE Sinuslamellen oder wellenförmige Lamellen verleihen dem Plattenwerkstoff eine besondere Stabilität. Und das, obwohl die Sinus-Wabenplatte beinahe so leicht wie Styropor ist, dabei lässt sich ihre Druckfestigkeit durchaus mit der von Holz vergleichen. Für die Weiterverarbeitung im Möbel- und Messebau sind folgende Techniken möglich: Schneiden, Stanzen, Sägen, Fräsen, Bohren, Dübeln, Plotten bis 18 Millimeter Dicke, Kleben, Schrauben, Ritzen, Biegen, Bedrucken und Kaschieren. Außerdem kann man Befestigungssysteme und Scharniere in die Platten einsetzen. Da die Sinus-Wabenplatte ausschließlich aus Papier und umweltfreundlichen Klebemitteln hergestellt wird, kann die Wabenplatte über den Altpapierkreislauf recycelt werden.
Die Firma Wayand stellt Leichtbau-Kompositbauteile mit aussteifenden Wabenkernen her. Diese Kompositbauteile bestehen aus einem mit Glas- oder Naturfasern belegten Wabenkern. Das Vlies besprüht man mit einer PUR-Matrix (Baypreg®), die im Gegensatz zu herkömmlichen Epoxy-Systemen lösungsmittel- und styrenfrei ist. Anschließend legt man das Vlies um den Wabenkern und verpresst es im beheizten Werkzeug. Es entstehen Bauteile mit großem Volumen und minimalem Gewicht, die sich durch enorme Steifigkeit und gutes Crash-Verhalten auszeichnen.

59

210 × 297 × 10–30 mm

in Serie

WF Wabenfabrik GmbH

www.wabenfabrik.de

WELLEN-WABENPLATTE MIT WECHSELNDEN WELLENGRÖSSEN Wellen-Wabenplatten sind im Vergleich zu Wabenplatten auch ohne Kaschierung sehr stabil, da sie aus gestapelter und verklebter Wellpappe bestehen. Die Anordnung der Wellen senkrecht zu den Wellenstreifen sorgt für die nötige Festigkeit. Im Produktionsprozess verklebt man Wellpappen zu großen Blöcken, die anschließend mit einer Blockbandsäge in schmale Streifen von bis zu zwei Millimetern gesägt und bei Bedarf kaschiert werden. Verklebt man Wellpappen mit verschiedenen Wellengrößen zu einem Block, kann die Biege- und Druckfestigkeit innerhalb der Platte variieren. Auch durch die Verwendung von verschiedenen Papierarten und Grammaturen können die Eigenschaften der Platte verändert werden. Die Tatsache, dass sich innerhalb eines Papier-Wabensandwichs abschnittweise unterschiedliche Festigkeiten, Farben und Dichten realisieren lassen, bietet ganz neue Möglichkeiten für den Leichtbau. Die blaue Platte besteht aus feuerfestem Papier und ist als »schwer entflammbar« (Baustoffklasse B1) klassifiziert. Derzeit in der Entwicklung ist eine Wabe in »nassfester« Ausführung, die nicht nur Feuchtigkeit, sondern auch Schimmel und Pilzen standhält.

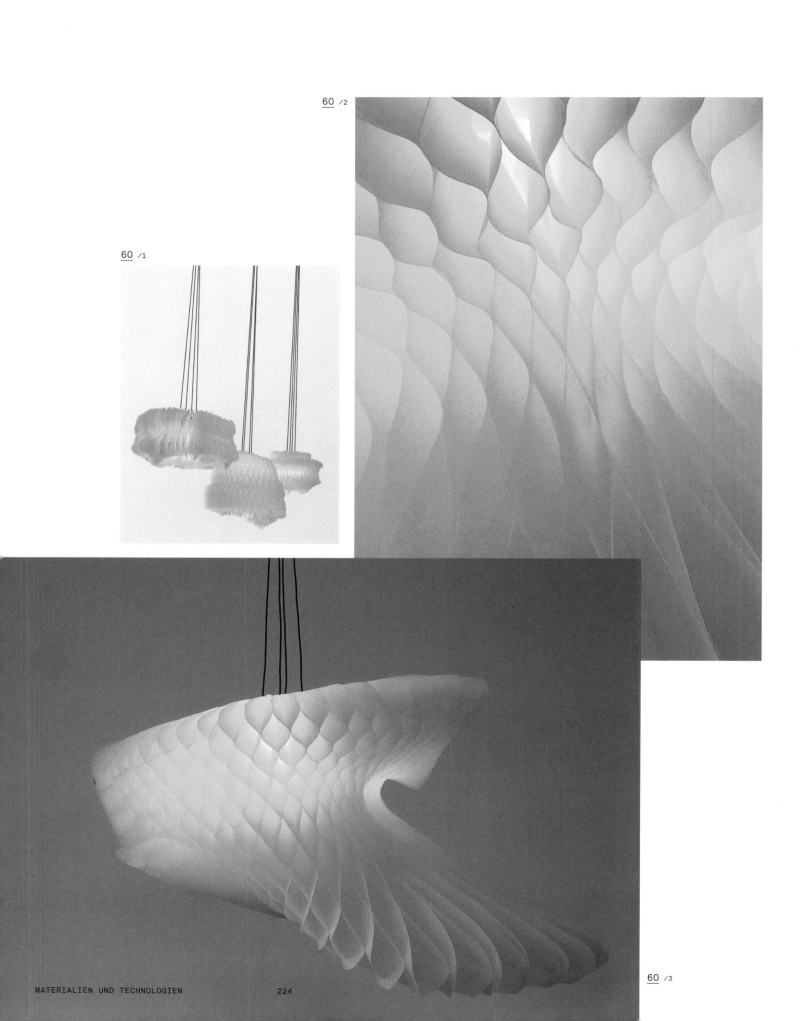

60

700×500×400mm

Prototyp

Tom Pawlofsky, Michael
Haas, Jennie Hardenbicker

www.shadyshade.com

CNC-WABEN-LEUCHTE Das Design und die Herstellung der Leuchte »ShadyShade« basiert auf einem Prozess, der komplett von einem Computerprogramm und einer CNC-Maschine kontrolliert wird. Das Computerprogramm wurde so aufgebaut, dass es selbstständig asymmetrische Formen generiert und berechnet sowie deren Herstellung auf einer CNC-gesteuerten Maschine umsetzt. Die Lampe wird ähnlich wie Wabenpapier hergestellt: Papierschichten werden durch Klebe-linien miteinander verbunden. Allerdings besitzt aufgrund der asymmetrischen Form jede Papierschicht eine eigene Kontur, die jeweils einzeln auf einem umgebauten Schneidplotter zugeschnitten wird. Anschließend trägt die auf dem Schneidplotter montierte Klebedüse die Klebenähte nicht in der herkömm-lichen Streifenform auf, sondern in einem variablen Muster, das sich der Kontur der jeweiligen Papierschicht anpasst. Jeder individuell zugeschnit-tene und mit Klebenähten versehene Papierbogen wird einzeln auf die bisher zugeschnittenen Papierbogen gelegt und verpresst. Durch den CNC-gesteuerten Prozess lässt sich die Wabengröße, und damit auch die Lichtdurchlässigkeit, regulieren. Die Lichtquelle ist eine runde Neonröhre, die sich in einem transparenten Acrylrohr (PMMA) befindet, das der Leuchte Stabilität verleiht und das Papier vor Wärme schützt. »ShadyShade« kann in unterschiedlichen Formen und in Größen von 30 Zentimetern bis 3 Metern hergestellt werden. Das starke Transparentpapier verleiht der Leuchte eine warme, gelbliche Farbe.

63 /1

63 /2 /3

62 /3

62 /1 /2

62 /4 /5

227

61

/1: 125×138×6mm

/2: 180×125×16mm

Technologie

PaperFoam BV.

www.paperfoam.com

PAPIERSCHAUM Papierschaum stellt man mithilfe einer zähflüssigen Suspension, bestehend aus Stärke, Zellulose-Fasern und Wasser, her. Diese Suspension wird per Spritzgussverfahren in eine Form (Werkzeug) injiziert. In dem auf 200 Grad C aufgeheizten Aluminiumwerkzeug gelieren die Stärkepartikel und das Wasser verdampft. In dieser Phase schäumt die Masse auf und füllt die gesamte Form aus, dabei wirkt das Wasser als Treibmittel. Nach ungefähr 40 Sekunden ist das gesamte Wasser verdampft und das Produkt ausgehärtet und entformbar. Je nach Wandstärke und Größe des Papierschaumprodukts beträgt die Produktionszeit zwischen fünf Sekunden und zwei Minuten. Der Papierschaum besitzt eine sehr angenehme und weiche Oberfläche. Er ist antistatisch und aufgrund der Schaumstruktur sehr leicht und wärmeisolierend. Ähnlich wie im Kunststoffspritzguss, lassen sich aus dem problemlos einzufärbenden Material komplexe Geometrien herstellen, deren Wandstärken über einem Millimeter liegen. Auch bei stark variierenden Wandstärken fällt das Material nicht ein, sondern behält seine präzise Oberfläche und Form. Aufgrund dieser Eigenschaften ist Papierschaum geeignet, andere petrochemische Schaumstoffe zu ersetzen, denn im Gegensatz zu diesen Werkstoffen ist Papierschaum vollständig biologisch abbaubar und recycelbar.

62

/1: 75×48×74mm

/2: 57×70×150mm

/3: 30×10mm

/4: 165×110×12mm

/5: 148×234×29mm

Technologie

Hellbut & CO GmbH

www.hellbut.com

PAPIERSCHAUM AUS ALTPAPIER Ein sehr umweltfreundlicher Papierschaum lässt sich aus Altpapier gewinnen. Als Rohstoff verwendet man eine mittlere Papierqualität wie zum Beispiel bedrucktes Zeitungspapier oder Kartonagenreste. Nach dem Schreddern und Zerfasern des Altpapiers vermischt man es mit reiner nativer Weizenstärke in Lebensmittelqualität, anschließend wird ein auf Alkohol basierendes Bindemittel, das voll biologisch abbaubar ist, hinzugefügt. Schließlich verpresst man das Mischgut zu Pellets, die später entweder in einem Extruder oder in einem Werkzeug aufgeschäumt werden. Dies geschieht ausschließlich durch thermische und mechanische Energieeinleitung mithilfe von Wasserdampf, also ohne chemische Treibmittel und Weichmacher. Je nach Feuchtigkeit, Rezeptur, Temperatur, Schneckenkonfiguration, Drehzahl, Druck und Wasserzugabe im Aufschäumprozess lassen sich unterschiedliche Festigkeiten des Schaums erreichen. Produkte aus Papierschaum besitzen eine sehr gute und homogene Oberflächenqualität und können mit relativ komplexen Geometrien formgeschäumt werden. Die Entsorgung erfolgt umweltschonend über Kompost oder Biotonne. Es hat sich herausgestellt, dass Papierschaum den Kompostierungsprozess günstig beeinflusst, die Umsetzung erfolgt in nur etwa zwei bis drei Monaten.

63

/1: 46×10mm

/2: 148×210 mm

/3: 75×135×5mm

Technologie

AddiTherm Group VBM

www.additherm.com

FEUERFESTES PAPIER UND PAPPE DURCH KRISTALLTECHNOLOGIE Die Herstellung schwer entflammbarer Papiere nach der Kristallgittertechnologie erfolgt durch Beimischen von Impfkristallen in der Pulpe. Im Trocknungsprozess entsteht zwischen den Bestandteilen der Kristallmatrix und denen der Zellulosefasermatrix eine chemische Bindung, wodurch das Papier schwer entflammbar wird und der Brandklasse B1 entspricht. Folgende Werkstoffe wurden bereits entwickelt: kaschierte Pappe, Rohpappe, Papierschaum, Dämmplatten aus Altpapier sowie das Material »AddiTherm Top Steel Coating«. Dies ist die Bezeichnung für eine Spritzmasse auf Zellulosebasis, die als Ummantelung für den Brandschutz von Stahlträgern entwickelt wurde. Dies führt zu der widersprüchlichen Situation, dass sich ein Papierschaum als feuerfester und hitzebeständiger als Stahl erweist. Das oben gezeigte dunkle Papier wurde bei ca. 1.700 Grad C beflammt. Selbst bereits verklebte Tapeten können nachträglich flammschutzsicher ausgerüstet werden, wenn man sie mit AddiTherm einsprüht. Schon bei Raumtemperatur bildet sich das Kristallgitter in der Papiermatrix aus.

65 /2

65 /1

<u>64</u> /1

<u>66</u>

<u>64</u> /2

<u>64</u> /3

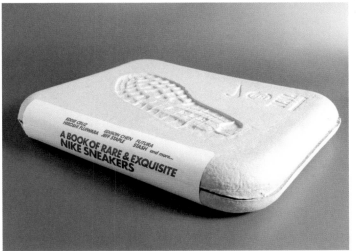

64 →

siehe Projekte B150

/1: 520×255×90mm

/2: 125×100×45mm

/3: 330×406×60mm

Technologie

Buhl PaperForm,
Heinrich Buhl GmbH

www.buhl-paperform.de

/3: Communion W Ltd.

www.communion-w.com

FASERFORMTEILE In einem Formschöpfverfahren werden diese dreidimensionalen Produkte vollständig aus Altpapier ohne Zugabe von Bindemitteln oder sonstigen Chemikalien hergestellt. Eierkartons stellen die einfachsten Faserformteile dar, die im Bereich der Verpackungs-Trays eine sehr gute Alternative zu Polystyrol oder Wellpappe bieten.
Die sogenannten »NormPac«-Faserformteile zeichnen sich durch ihre hohe Steifigkeit und Stabilität bei starker Belastung aus. Die als »PressPac« bezeichneten Faserformteile unterscheiden sich von »NormPac« durch eine sehr glatte Oberfläche, die durch einen weiteren Pressvorgang entsteht. Faserformteile besitzen eine hohe Maßhaltigkeit mit erstaunlicher Präzision und Ästhetik. Standardmäßig werden Faserformteile in Reinweiß oder ungebleicht hergestellt. Ohne großen Aufwand können Faserformteile jedoch eingefärbt und durch Imprägnieren gegen Feuchtigkeit oder Fette geschützt werden. Zu den neuesten Entwicklungen zählen extrem saugfähige Faserformteile, die sich zum sicheren Transport gefährlicher Flüssigkeiten eignen, sowie flammfeste Ausführungen.

65

/1: Durchmesser: 80–120mm

/2: Höhe: 150–300mm
Durchmesser: 100–180mm

Experimente

Luzia Kälin und
Nicole Lehner

www.designasyl.swissblog.ch

ZUCKERPAPIER Papierbrei besteht aus unterschiedlichen Fasern und Füllstoffen, die miteinander vermischt werden. Fasziniert von dieser Vielfalt, haben die Produktdesignerinnen Nicole Lehner und Luzia Kälin mit Papierfaserbrei-Mischungen experimentiert und vielversprechende Ergebnisse erzielt. In Materialstudien prüften sie verschiedene Kombinationen von Fasern und Füllstoffen auf ihre Festigkeit, Oberflächenbeschaffenheit, Elastizität, Dauerhaftigkeit, Haptik und Ästhetik. Als besonders stabil erwies sich die Mischung von Papier und Zucker, die sich sogar für die Herstellung von dreidimensionalen Objekten als geeignet erwies. Für die hier gezeigten Objekte reicherten die Gestalterinnen Papierbrei mit Zucker an und strichen diesen auf die Innenseite von genähten textilen Formen. Die Feuchtigkeit des Papierbreis zog schnell in das Textil ein und brachte eine erste Festigkeit. Die Aushärtung erfolgte dann unter Zuführung von Wärme. Während des Trocknens zeichnete sich die Struktur der textilen Formen auf der Oberfläche des Objektes ab. Entstanden sind sehr stabile und erstaunlich schlagfeste Gefäße. Sie könnten durchaus auch industriell hergestellt werden und werfen die Frage auf, ob dieses biologisch abbaubare Papiergemisch nicht in vielen Bereichen den Kunststoff ersetzen könnte.

66

210×297 mm

in Serie

Flexipack
International Wunderlich
GmbH + Co. KG

www.flexipack.de

WELLPAPPE MIT GEGOSSENEN WELLEN Die rippenförmige Polsterpappe stellt man aus gegossenen Altpapierfasern her. In einem rotativen Endlos-Guss- oder Pressprozess entsteht aus den Altpapierfasern eine gefüllte Welle. Dieses besonders kompakte, stark verdichtete Rippenprofil hält Belastungen von bis zu 2.000 kg/m^2 stand. Durch Kaschierungen mit verschiedenen Deckpapieren oder Weichschaum können zusätzliche Eigenschaften hinzugefügt werden, wie zum Beispiel die Erhöhung der stoßabsorbierenden Wirkung oder Antirutsch-Oberflächen für Transportverpackungen. Die Wellpappe aus gegossenen Wellen wird in unterschiedlichsten Varianten produziert und auch zu fertigen Bauteilen weiterverarbeitet.

<u>68</u> /1 /2 /3

<u>67</u> /1

<u>67</u> /1 /2

<u>69</u> /1

<u>69</u> /2

67 →

siehe Projekte ▷30

/1: 60×60×270mm

/2: 150×274×25mm

Technologie/in Serie

Artek oy ab

www.artek.fi

UPM Group

www.upm-kymmene.com

KONSTRUKTIONSPROFIL AUS ETIKETTENABFÄLLEN Für die Realisierung eines Ausstellungspavillons des finnischen Möbelherstellers Artek hat der Architekt Shigeru Ban in Zusammenarbeit mit dem Forst-Industrieunternehmen UPM-Kymmene einen neuen Papierwerkstoff entwickelt. Abfälle aus der Herstellung von Papier-Klebeetiketten, die man bei UPM-Kymmene gewöhnlich recycelt, wurden für diesen Pavillon gehäckselt und dann zu Winkelprofilen extrudiert. Nach intensiver Forschung entstand ohne das Hinzufügen von Kunststoffen oder Klebern ausschließlich aus den Klebeetiketten-Abfällen ein »papierfaserverstärktes Kunststoffprofil«, das über enorme Biegefestigkeit, UV-Beständigkeit und Wetterfestigkeit verfügt. Basierend auf dieser Entwicklung, produziert UPM-Kymmene heute die Bodenbeläge »UPM ProFi Deck« für den Außenbereich. Die Bodenbeläge werden in verschiedenen Farben hergestellt. Sie können recycelt und zu neuen »UPM ProFi Deck« verarbeitet werden.

68

/1: 102×102×250mm

/2: 93×18×250mm

/3: 50×46×220mm

in Serie

Paul & Co GmbH & Co KG

www.kunertgruppe.com

PROFILE AUS PAPPE Die Winkel- und U-Profile bestehen aus mehreren Schichten formverpressten Papiers mit einer kaschierten Decklage, die auch farbig, glänzend oder bedruckt sein kann. Die Schenkelbreiten können von 35 bis 100 Millimeter und die Wandstärken von 2 bis 8 Millimeter je nach Anforderung hergestellt werden. Die Querschnitte der Profile variieren in ihrer Geometrie und Wandstärke. Dies geschieht durch eine partielle Reduzierung der Papierlagen oder auch mithilfe der Presswerkzeuge. Die Profile werden in Längen von 50 Millimetern bis 6 Metern produziert, indem man sie durch ein Werkzeug zu Endlosprofilen press-extrudiert. Die Winkelprofile finden bisher überwiegend als Kantenschutz für Transportware Anwendung. Ihre enorme Biege- und Torsionsfestigkeit ist hervorragend. Deshalb wären auch anspruchsvollere Einsatzbereiche wie Kindermöbel oder temporäre Leichtbau-Konstruktionen denkbar, wobei sich für den Outdoor-Bereich wasserfeste Papiere als Außenlage empfehlen.

69 →

siehe Projekte ▷26

Länge: ca. 1,5m
Durchmesser: 200mm

in Serie

Octatube Space
Structures BV
Mick Eekhout

www.octatube.nl

Shigeru Ban Architects

www.shigerubanarchitects.com

KONSTRUKTIONSELEMENT FÜR DEN CARDBOARD DOME Die Pappkonstruktion des beeindruckenden »Theatre Dome« von Shigeru Ban im holländischen Utrecht ist 10 Meter hoch und hat einen Durchmesser von 25 Metern. Die Leichtbaukonstruktion besteht aus 700 Kartonrohren, über die ein weißes Textil gespannt ist. Das durchdachte Konstruktionselement von dem Holländer Mick Eekhout wird als modulares Serienprodukt gefertigt und kann für unterschiedliche Gebäudegrößen und -nutzungen angepasst werden. Das Projekt zeigt, dass auch mit einfachsten Materialien Konstruktionen mit höchsten Ansprüchen hergestellt werden können. Ursprünglich für temporäre Einsätze entwickelt, stellt sich die Frage, ob durch den Einsatz technischer Papiere längere Lebenszyklen möglich wären.

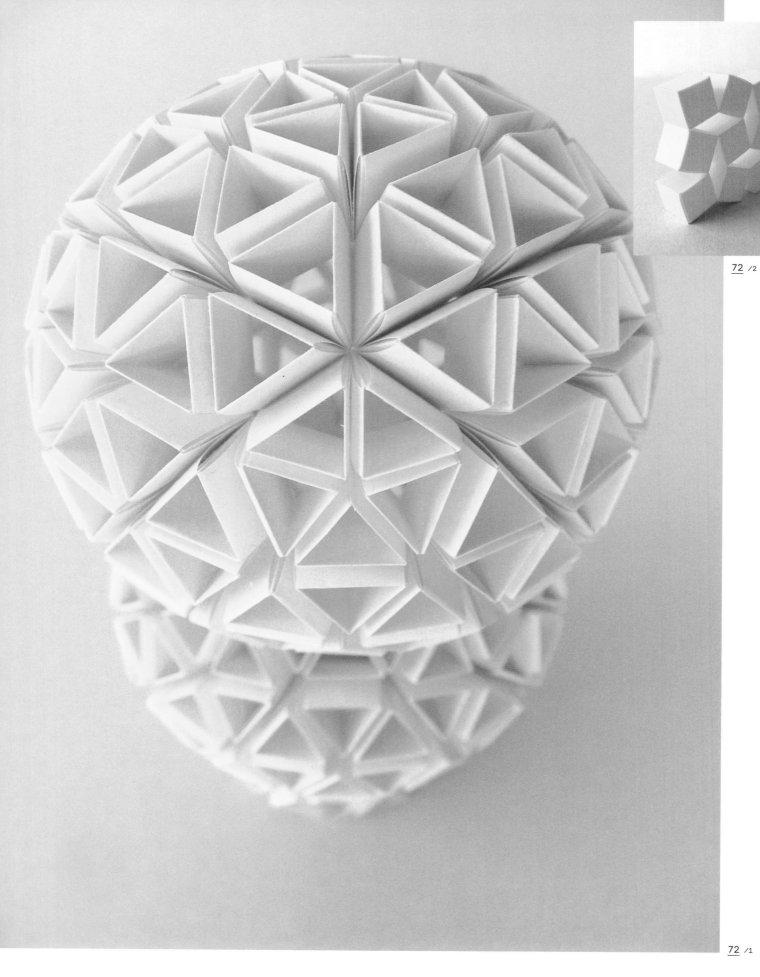

ORIGAMI FÜR DIE SERIE

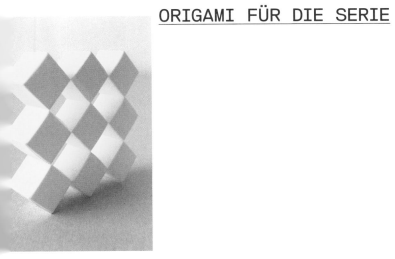

<u>71</u> /1 /2

<u>70</u>

<u>71</u> /3

<u>73</u> /1

<u>73</u> /2

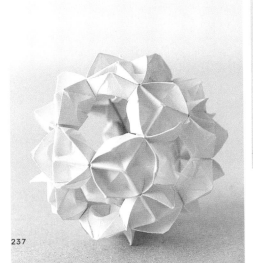

70 →

siehe Projekte B112/B124

400×200mm

Technologie

Lassner GmbH

www.lassner-plissee.de

PLISSEEPAPIER Plissieren bedeutet »in Falten legen«. Plisseemaschinen arbeiten nach dem Prinzip, dass zwei Messer auf beweglichen Metallschienen die Stoffrollen über die gesamte Breite greifen und Falten einschlagen, die anschließend zwischen zwei beheizten Walzen oder Führungsplatten fixiert werden. Die Messer können nach dem Greifen des Materials eine seitliche Bewegung durchführen, wodurch schräge Falten entstehen. Verwendet man wellen- oder rautenförmige Messer, können die Falten auch in Querrichtung verlaufen. Außerdem sind computergesteuerte Verzugsmaschinen in der Lage, die Bewegung der Messer und Walzen so zu steuern, dass die Falten in ihrer Tiefe und ihrem Verzug (Verzerrungen im Muster) variieren. Zum Schutz des Textils verwendet man beim Plissieren die sogenannten Mitlaufpapiere. Dieses Plisseekrepp-Papier ist sehr dünn, aber hitzebeständig und widerstandsfähig. Nach dem Produktionsprozess wird das Material normalerweise ausrangiert. Der Designer Nendo hat daraus einen Stuhl entworfen und somit Plisseekrepp-Papier auf innovative Weise wiederverwendet.

Textilien werden heute weniger für die Modebranche, sondern mehr für technische Anwendungen, wie zum Beispiel Airbags, Jalousien, Abdeckungen von Robotergelenken und Industriefilter, plissiert. Darüber hinaus lassen sich aus hochwertigen Papieren auch Lampenschirme falten. Es können aber auch Leder, Metallbleche oder Drahtgewebe plissiert werden. Außerdem können zwei oder mehrere Schichten verschiedener oder gleicher Materialien im Sandwich und in einer Breite von 1,5 Metern zusammen verarbeitet werden.

71

/1: 120×120×70mm

/2: 120×120×25mm

/3: 400×400×4mm

Unikat

Christiane Bettens

http://origami-art.org

TESSELLATION ORIGAMI Unter »Tessellation Origami« versteht man eine Faltung, die auf geometrischen Linien und Körpern basiert und die sich innerhalb einer Fläche beliebig oft wiederholen lässt. Die so entstehenden dreidimensionalen Strukturen verfügen selbst bei sehr dünnem Papier über eine erstaunliche Stabilität. Die Vielfalt dieser filigranen Muster und Formen ist unglaublich groß und erinnert an Tragwerke und Dachkonstruktionen.

Besonders bei hinterleuchteten Faltungen entstehen durch die geometrischen Überlagerungen von Papierschichten sehr ästhetische Effekte. Durch die mathematische Berechnung der Tesselation-Faltungen ist es mit Computerprogrammen wie zum Beispiel »Tess« von Alex Bateman möglich, eigene Faltungen beziehungsweise Faltvorlagen zu entwickeln.

72

/1: 120×120×300mm

/2: 55×55×17mm (variabel)

Unikat

Heinz Strobl

www.knotologie.eu

KNOTOLOGIE UND SCHNAPPOLOGIE Diese beiden Begriffe bezeichnen Falttechniken und Papierkonstruktionen, die der Physiker und Software-Entwickler Heinz Strobl erfunden hat. Bei diesen Techniken werden kurze Papierstreifen zu drei-, vier- oder fünfeckigen Modulen gefaltet und mit der »Knotologie-Technik« ohne Klebstoff verbunden. Leichte Veränderungen des Winkels der Faltlinie führen zu Modulvarianten, aus denen unendlich viele Geometrien und Konstruktionen zusammengesetzt werden können. Besonders stabil sind Strukturen aus dreieckigen Modulen, wie bei den hier gezeigten Exponaten »Bambussturm« und »Double«. Die »Schnappologie« ist eine Weiterentwicklung der »Knotologie«, dabei handelt es sich um eine Art Klick-Mechanismus, der aus kurzen Papierstreifen gefaltet wird und die »Knotologie-Elemente« miteinander verbindet. Aus diesen Modulen lassen sich auch sehr leicht komplexere Strukturen erstellen.

73 →

siehe Projekte ⌂168

Durchmesser: 100mm

Unikat

Rona Gurkewitz,
Bennett Arnstein

gurkewitzr@wcsu.edu

MODULAR-ORIGAMI Modular-Origami besteht aus mehreren, auf die gleiche Weise gefalteten Papiermodulen. Diese erhalten ihre Form und Stabilität ohne Verwendung von Klebstoff und werden ausschließlich durch Faltungen miteinander verbunden. Die Wissenschaftler Rona Gurkewitz und Bennet Arnstein haben Objekte aus »faltidentischen«, »faltähnlichen« und »systematisch winkelveränderten« Modulen generiert. Ein weiterer Parameter ist die variierende Anzahl der Module.
Dies klingt komplizierter, als es ist — behaupten die beiden und wollen zeigen, mit wie wenigen Veränderungen eine so große Vielfalt an »faltidentischen« Modulen entsteht. Das angeschnittene Ikosaeder (Zwanzigflächner) ist ein Modell aus der Serie der »Bucky Balls« und besteht ausschließlich aus 60 gleichen Einheiten. Das »gewarzte« Dodekaeder (Zwölfflächner) besteht aus 90 Modulen, die jeweils wieder aus fünf miteinander verbundenen Teilen bestehen. Alle Strukturen zeichnen sich durch eine erstaunliche Stabilität aus, bedingt durch die Faltungen und Verbindungen.

<u>74</u>

<u>75</u> /1

<u>75</u> /2

<u>76</u>

COMPUTER-ORIGAMI

74

Forschung

Dartmouth Computer Science
Department

www.cs.dartmouth.edu/
~robotics/origami.html

ORIGAMI-ROBOTER Wissenschaftler des Dartmouth Computer Science Department haben den ersten Origami-Falt-Roboter entwickelt. Dieser konnte bereits im Jahr 2007 Objekte wie Hüte, Flugzeuge und Papierbecher falten. Dabei saugt der Roboter das Papier mithilfe eines Vakuums an, um es auf dem »Falttisch« zu positionieren. Dort wird das Papier in eine Vertiefung hineingefaltet, umgeschlagen und vom Roboter neu positioniert. Derzeit experimentieren Forscher mit weitaus komplexeren Faltstrukturen. Ziel ist es, mit Origami-Robotern Leichtbaukonstruktionen in Serie herzustellen. Denn die maschinelle Verarbeitung von Papier zu komplexer Architektur bietet zahlreiche Vorteile: Die flachen Papierbogen lassen sich platzsparend lagern und anschließend vor Ort falten und aufbauen — komplizierte Montagen beziehungsweise Demontagen entfallen. Wenn die Entwicklung gelingt, könnten künftig vollkommen neue Konstruktionen in Architektur und Produktdesign realisiert werden, die insbesondere durch die Verwendung technischer Papiere neue Funktionen bieten.

75 →

siehe Projekte □136

/1: 240×240×120mm
/2: 140×180×100mm
Unikat/Forschung

Ron Resch
www.ronresch.com

RUNDE CAD/CAM-FALTUNGEN Ron Resch hat bereits in den Sechzigerjahren Computerprogramme geschrieben, um dreidimensional gefaltete Strukturen zu visualisieren und diese anschließend in Schnittmuster zu übertragen. Das Besondere an seiner Arbeit ist, dass er in dieser Zeit bereits runde Faltlinien berechnen und dreidimensional umsetzen konnte.
Er baute sich einen einfachen computergesteuerten Plotter, der die runden Faltlinien auf das Papier beziehungsweise auf dünne Kunststoffplatten übertrug und einrillte. Diese konnten somit computergesteuert in größeren Stückzahlen produziert werden und mussten dann nur noch in die dritte Dimension gefaltet werden. Entstanden sind damals unter anderem die sogenannten »Birds«. Diese rundgefalteten, dreidimensionalen Objekte waren vermutlich die ersten ihrer Art, die in CAD/CAM erstellt wurden. Als Pionier in diesem Bereich arbeitete Ron Resch mit den Architekten Frei Otto und Buckminster Fuller zusammen. Darüber hinaus entwarf er einige Kulissen des ersten »Star Treck«-Films von 1979.

76

210×330×178mm
Unikat/Forschung

Erik Demaine und
Martin Demaine

www.erikdemaine.org

COMPUTATIONAL ORIGAMI »Computational Origami« ist der Titel für eine Serie von Arbeiten, die aus plisseeförmig gefalteten, miteinander verbundenen, runden Papierstreifen bestehen. Zunächst bilden die Wissenschaftler, das Brüderpaar Erik Demaine und Martin Demaine, zwei bis drei kreisförmige Flächen zwischen 720 Grad und 1.080 Grad, die anschließend aufgeschnitten und mehrfach gedreht zu einem großen, topologischen Kreis zusammengesetzt werden. Dieser Ansatz erlaubt den beiden den Zugang zu einer enormen Formenvielfalt sich selbst stabilisierender Kreissegmente. Außerdem sind die hier gezeigten Strukturen selbst entfaltend und können — etwa für den Transport — sehr klein zusammengelegt werden. Für ein Forschungsprojekt (2004–2006) mit der MIT-Studentin Jenna Fizel entwickelten sie eine Software, die die physikalischen Gesetzmäßigkeiten von plisseegefalteten Kreissegmenten exakt simuliert. Mit dieser Software können heute Formen und Volumen generiert, simuliert und zu dreidimensionalen Modellen umgesetzt werden. Derzeit arbeiten die Brüder daran, größere Volumen zu bauen.

<u>79</u>

<u>78</u>

<u>77</u> /1 /2

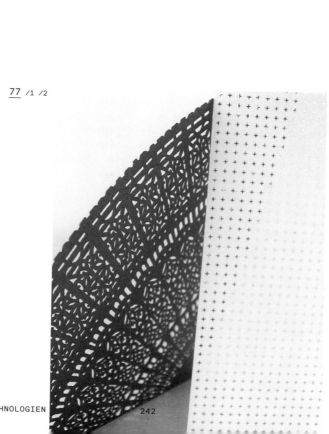

GELASERT

77

/1: 157×157mm

/2: 210×103mm

Technologie

Druckerei Schroeder
GmbH & Co. KG

www.filigran-laser.de

LASERN MIT KUPFERSCHABLONE Mit diesem Laserverfahren lassen sich Perforationen realisieren, die mit herkömmlichen Stanzwerkzeugen nicht umsetzbar wären. Feinste Linien und Punkte in Stärken von bis zu 0,3 Millimetern werden in äußerst geringen Abständen ausgelasert. Selbst großflächige Muster und Grafiken, die nur noch von sehr dünnen Stegen gehalten werden, sind mit dieser Technologie möglich. Das Lasern mit Kupferschablone funktioniert folgendermaßen: Aus einem dünnen Kupferblech ätzt man das gewünschte Motiv heraus, um eine präzise Schablone zu erhalten. Danach wird das Papier unter der Schablone liegend durch einen »Laser-Vorhang« geführt. Dort, wo der Laser durch die Schablone dringen kann, verbrennt das Papier vollständig, unter dem Kupfer bleibt es jedoch erhalten. Die Feinheit des Motivs hängt auch von der Wahl des Materials ab: Je dicker und gröber das verwendete Papier, desto weniger fein kann das Motiv sein. In diesem Verfahren werden Papiere in Formaten von 180 mal 180 Millimetern bis maximal 1.000 mal 720 Millimetern und Grammaturen von 80 bis 500 g/m^2 verarbeitet. Der Vorteil des Laserns mithilfe einer Kupferschablone liegt darin, dass sich durch den flächigen Laser in kurzer Zeit große Bereiche und große Stückzahlen produzieren lassen.

78 →

siehe Projekte ▯120/▯160

210×297mm

Technologie

Kremo Laser-
Papierfeinstanzungen

www.kremo.de

CNC-GESTEUERTES LASERN VON PAPIER Für die Erstellung filigraner und aufwendiger Perforationen in Papier oder Karton empfiehlt sich der CNC-gesteuerte CO$_2$-Laser. Bei diesem Verfahren brennt ein Laserkopf entsprechend der Computerdaten Grafiken oder Schriften in Linienstärken oder Punktdurchmessern bis zu einem Zehntel Millimeter in Papier. Für den Laserschnitt sind Papiere und Pappen mit einem Flächengewicht von 40 g/m^2 und einer Stärke bis zu 3 Millimetern geeignet. Da man die Intensität des Lasers variieren kann, sind auch Gravuren möglich. Auf diese Weise beschriftet man in der Regel farbige Papiere, Kartons oder bedruckte Materialien. Wie bei allen CNC-Technologien eröffnet der Laserschnitt Möglichkeiten, die bisher nur aufwendiger Handwerksarbeit, wie etwa dem Scherenschnitt, vorbehalten waren. Weil keine teuren Werkzeuge benötigt werden, lassen sich auch Einzelstücke kostengünstig produzieren beziehungsweise sämtliche Grafiken, Muster und Ornamente ohne Rapport umsetzen. Gelasertes Papier erkennt man häufig an Rußspuren an den Schnittkanten und auf der Rückseite.

79 →

siehe Projekte ▯60

273×430×107mm

Unikat

Kremo Laser-
Papierfeinstanzungen

www.kremo.de

Olafur Eliasson

www.olafureliasson.net

YOUR HOUSE Per Laser-Cut entstand auch die Arbeit »Your House« des dänisch-isländischen Künstlers Olafur Eliasson, für die jede der 454 von Hand gebundenen Seiten einzeln ausgelasert wurde. Als »Vorlage« diente dem Künstler sein eigenes Haus in Kopenhagen, dessen Volumen er per 3D-Scan erfasste und anschließend in 454 Vertikalschnitte (Maßstab 85:1) umrechnete. Jede Buchseite entspricht exakt 2,2 Zentimetern des realen Gebäudes. Die Daten der Vertikalschnitte stellen zudem die Daten für den Laser dar, der entsprechend den Außenkonturen Räume, Keller, Fenster, Türen und den Kaminsims ausschnitt. Inzwischen hat dieses erste »Negativ-Raum-Architektur-Modell« viele Architekturbüros angeregt, ihre Entwürfe in dieser Form zu präsentieren, denn der räumliche Eindruck und die Präzision der Details sind beeindruckend.

KURZDARSTELLUNGEN

BIOGRAFIEN

NORIKO AMBE
WWW.NORIKOAMBE.COM

Noriko Ambe wurde 1967 im japanischen Saitama geboren und studierte Malerei an der Musashino Art University, Tokio. Seit 1999 sind aus Papier geschnittene Skulpturen zentraler Bestandteil ihrer Arbeit. 2006 wurde die Plastik »Flat Globe, Above NY« Teil der permanenten Sammlung des Whitney Museum of American Art. Zuletzt war ihre Arbeit »A Piece of Flat Globe« in der von Tokujin Yoshioka kuratierten Ausstellung »Second Nature« im Museum 21_21 Design Sight in Tokio zu sehen. Die Künstlerin lebt und arbeitet in New York.

ATELIER OÏ
WWW.ATELIER-OI.CH

Das Schweizer Designbüro Atelier Oï wurde 1991 von Aurel Aebi (*1966), Armand Louis (*1966) und Patrick Reymond (*1962) in La Neuveville gegründet, wo es sich noch heute befindet. Die intensive Auseinandersetzung mit verschiedenen Materialien kennzeichnet die Arbeit der drei Gestalter, die übergreifend in den Bereichen Architektur, Design und Innenarchitektur arbeiten. Zu ihren Kunden zählen Firmen wie Ikea, Wogg, Röthlisberger, Swatch, B&B Italia, Foscarini, Desalto, Louis Vuitton und Bulgari. Außerdem ist Patrick Reymond als Professor an der ECAL (Ecole cantonale d'art de Lausanne) tätig.

ATOPOS
WWW.ATOPOS.GR

Atopos ist eine internationale Kulturorganisation mit Sitz in Athen, die 2003 von Stamos J. Fafalios, Dimitris Papanikolaou und Vassilis Zidianakis gegründet wurde. Ziel der Organisation ist die Unterstützung und Umsetzung innovativer Projekte, welche neue Technologien mit Design, Mode und zeitgenössischer Kunst zusammenbringen. 2007 präsentierte Atopos im Benaki-Museum in Athen die Ausstellung »RRRIPP!! Paper Fashion«. Die Papierkleider waren danach im Mudam in Luxemburg sowie im Modemuseum in Antwerpen zu sehen und sollen ab Oktober 2009 im Design Museum London ausgestellt werden.

SANDRA BACKLUND
WWW.SANDRABACKLUND.COM

Die Modedesignerin Sandra Backlund (*1975) studierte am Beckmans College of Design in Stockholm. Sie lebt in Stockholm, wo sie 2004 ihr eigenes Label gründete. Sie experimentiert mit Origami, Falten und Strickwaren, um ihren Kleidungsstücken ungewöhnliche Volumen und Formen zu verleihen. Sandra Backlund gewann den Grand Prix Award 2007 beim internationalen Mode- und Fotografiefestival in Hyères und erhielt 2008 den New Generation Award des British Fashion Council in London.

BALL-NOGUES STUDIO
WWW.BALL-NOGUES.COM

Der Filmarchitekt Benjamin Ball (*1968) und der Produktdesigner Gaston Nogues (*1967) gründeten 2004 ihr gemeinsames Atelier Ball-Nogues Studio in Los Angeles. Bei ihren experimentellen Installationen, die stets zwischen Design, Kunst und Architektur angesiedelt sind, steht das räumliche Erlebnis im Vordergrund.

SHIGERU BAN
WWW.SHIGERUBANARCHITECTS.COM

Der japanische Architekt Shigeru Ban (*1957) studierte am Southern California Institute of Architecture und an der Cooper Union School of Architecture. 1985 gründete er sein eigenes Architekturbüro in Tokio. Heute hat Shigeru Ban Architecture Niederlassungen in Paris und New York. Von 1995 bis 1999 war er Berater des UN-Flüchtlingskommissars (UNHCR). Ban gilt als Pionier im Bereich des ökologischen nachhaltigen Bauens.

MICHAEL BEUTLER

Der deutsche Künstler Michael Beutler (*1976) studierte von 1997 bis 2003 an der Städelschule in Frankfurt und hatte 2001 seine erste Einzelausstellung in der Wiener Secession. Heute lebt und arbeitet er in Berlin. In seinen Installationen, Interventionen und Skulpturen geht er spielerisch und assoziativ auf den architektonischen Raum ein.

MARLOES TEN BHÖMER
WWW.MARLOESTENBHOMER.COM

Die in den Niederlanden geborene Marloes ten Bhömer (*1979) studierte Produktdesign an der Hochschule der Künste in Arnhem und absolvierte einen Master am Royal College of Art in London. Daneben absolvierte sie Kurse in Schuhgestaltung am London College of Fashion und in Betriebswirtschaft am Nesta Creative Pioneer Programme. Marloes ten Bhömer lebt und arbeitet in London. Sie gestaltet provokative und experimentelle Schuhe, die in Museen und Galerien weltweit ausgestellt wurden, beispielsweise im Crafts Council in London, in der Ausstellung »Folding« bei Platform21 in Amsterdam sowie in der Galerie Lucy Mackintosh in Lausanne.

CHRIS BOSSE
WWW.CHRISBOSSE.DE

Der in Stuttgart geborene Chris Bosse (*1971) arbeitete in verschiedenen europäischen Architekturbüros, bevor er 2003 nach Sydney zog. Dort betreibt er heute sein Architekturbüro und unterrichtet an der University of Technology. Die wohl berühmteste Arbeit des jungen Deutschen stellt das 2008 eröffnete Schwimmstadion der Olympischen Spiele in Peking dar.

ZOE BRADLEY
WWW.ZOEBRADLEY.COM

Nach ihrem Modedesignstudium an der Middlesex University in London arbeitete Zoe Bradley (*1973) bei Alexander McQueen, für den sie 1999 spektakuläre Kleidungsstücke aus Holz gestaltete. Ihre stark inszenierten Arbeiten bewegen sich im Grenzbereich zwischen Skulptur, Mode und Bühnenbild. Heute führt sie ein eigenes Studio in London.

BRUKETA & ŽINIĆ
WWW.BRUKETA-ZINIC.COM

Die kroatische Agentur für Kommunikationsdesign Bruketa & Žinić wurde 1995 in Zagreb gegründet und ist für ihre ungewöhnlichen Werbekonzepte international bekannt.

DANIELE BUETTI

Der Schweizer Künstler Daniele Buetti (*1955) lebt und arbeitet in Zürich. Er wurde durch seine Kugelschreibertätowierungen auf Werbefotografien bekannt, in denen er die aggressive Medienmaschinerie und den Konsumwahn reflektierte. Seit 2004 hat er eine Professur an der Kunstakademie Münster inne.

PETER CALLESEN
WWW.PETERCALLESEN.COM

Der dänische Künstler Peter Callesen
(*1967) beschäftigt sich vorwiegend mit
Papier, das er zu filigranen Scherenschnitten verarbeitet, womit er neue
Welten und Geschichten erschafft. Er lebt
und arbeitet in Kopenhagen.

HUSSEIN CHALAYAN
WWW.HUSSEINCHALAYAN.COM

Der renommierte Modedesigner Hussein
Chalayan (*1970) ist türkisch-zyprioti-
scher Herkunft. Er lebt seit 1982 in
London und studierte dort am Central
St. Martins College of Art and Design.
Mit seinen konzeptionellen Entwürfen
erkundet er die Grenzen zwischen Mode
und Kunst. Bei den British Fashion Awards
wurde er sowohl 1999 als auch 2000 zum
Designer des Jahres gewählt.
Seine Arbeiten waren im Kyoto Costume
Institute, dem Musée de la Mode in
Paris, der Tate Modern in London, dem
Modemuseum Antwerpen und dem MUDAC in
Lausanne zu sehen. Anfang 2009 ehrte
ihn das Design Museum London mit einer
Retrospektive.

COTTRELL & VERMEULEN
WWW.COTTRELLANDVERMEULEN.CO.UK

Die beiden Architekten Brian Vermeulen
(*1957) und Richard Cottrell (*1964)
haben sich bei der Restauration der Unité
d'Habitation von Le Corbusier kennengelernt. 1992 gründeten sie das Büro Cottrell
& Vermeulen Architecture in London. Die
beiden befassen sich intensiv mit dem Thema
der Nachhaltigkeit in der Architektur.
Ihre Architekturprojekte umfassen zahlreiche Gebäude im öffentlichen Bereich und
wurden mit zahlreichen Preisen ausgezeichnet, darunter mehrere Preise des Royal
Institute of British Architecture (RIBA).

MIA CULLIN
WWW.MIACULLIN.COM

Die Schwedin Mia Cullin (*1970) lebt und
arbeitet als Designerin in Stockholm.
Nach Aufenthalten an unterschiedlichen
Fakultäten in Schweden, Italien und
Dänemark absolvierte sie ihr Studium der
Innenarchitektur und des Möbeldesigns an
der Konstfack in Stockholm. Heute ent-
wirft Mia Cullin unter anderem für namhafte
Hersteller wie Woodnotes, Nola, Habitat
und den schwedischen Einrichtungskonzern
Ikea.

DARCH STUDIO
WWW.DARCHSTUDIO.COM

Die Architektin Elina Drossou (*1978)
gründete 2006 ihr eigenes Architekturbüro
in Athen. Das dARCHstudio arbeitet an
unterschiedlichen Projekten in den
Bereichen Architektur, Innenarchitektur,
Möbel- und Grafikdesign.

CHARLIE DAVIDSON
WWW.CHARLIE-DAVIDSON.COM

1993 gründete der Produktdesigner Charlie
Davidson (*1970) ein eigenes Atelier
in London. Heute lebt und arbeitet er in
Göteborg in Schweden.
Sein Arbeitsfeld ist sehr vielseitig,
so hat er Möbel und Leuchten entwickelt,
Designkonzepte für namhafte Firmen
wie Lego und Sony erstellt und experimentelle Raumkonzepte geschaffen.

THOMAS DEMAND
WWW.THOMASDEMAND.DE

Der deutsche Künstler Thomas Demand (*1964)
studierte an der Akademie der Bildenden
Künste München, an der Staatlichen Kunstakademie Düsseldorf sowie am Goldsmiths
College in London. Die plastischen Arbeiten, die Demand während seines Studiums
anfertigte, dokumentierte er fotografisch
und entwickelte diesen Arbeitsstil künst-
lerisch weiter. Heute ist er für seine
medienkritische Auseinandersetzung mit
der Fotografie bekannt. In seinem Studio
bildet er reale Räume und Szenarien wie
etwa das Oval Office oder das Studio
einer Fernsehsendung aus Papier und Pappe
nach, die er anschließend zerstört.
Einzig die Fotografien bleiben erhalten
und verweisen auf ihren Ursprung: die
sensationslüsterne und triviale Presse-
und Fernsehberichterstattung.

SASKIA DIEZ
WWW.SASKIA-DIEZ.COM

Die Münchner Designerin Saskia Diez (*1976)
hat nach einer Goldschmiedelehre an der
FH München Industriedesign studiert. 2006
fand sie wieder zum Schmuck zurück, als
die Armreifen ihrer Kollektion »Diamonds«
auf unerwartet großes Interesse stießen.
Saskia Diez arbeitet heute auch mit
ihrem Mann, dem Industriedesigner Stefan
Diez, zusammen, gemeinsam entstand so die
Taschenkollektion »Papier«.

OLAFUR ELIASSON
WWW.OLAFURELIASSON.NET

Der in Kopenhagen geborene Olafur Eliasson
(*1967) verbrachte seine Kindheit auf
Island. Später studierte er an der Royal
Danish Academy of Fine Arts in Kopenhagen.
Heute lebt und arbeitet er als Künstler
in Berlin und Kopenhagen.
Zentrales Motiv seiner Arbeit sind physi-
kalische Naturphänomene wie Wasser, Licht,
Temperatur, Bewegung und Reflexion. Seine
Arbeiten finden sich in zahlreichen öffent-
lichen und privaten Sammlungen wie dem
Guggenheim Museum in New York, dem Museum
of Contemporary Art in Los Angeles und
der Tate Modern in London.

LUIS ESLAVA & DIEGO RAMOS
WWW.LUISESLAVA.COM
WWW.DIEGORAMOS.ES

Luis Eslava (*1976) studierte Grafik- und
Produktdesign am ESDI-CEU in Valencia
und arbeitete bei der Schuhfirma Camper,
bevor er seinen Master am Royal College
of Art in London absolvierte. Heute
führt er ein Designbüro in Valencia.
Diego Ramos (*1978) studierte Industriedesign an der EINA Escola de Disseny i Art
in Barcelona und besuchte ebenfalls das
Masterprogramm am Royal College of Art in
London. Seit 2006 arbeitet er selbstständig in Barcelona, Madrid und London.
Auf der Kunstmesse ARCO 2007 in Madrid
präsentierten Luis Eslava und Diego Ramos
gemeinsam die Kollektion »Tyvek World«,
gefolgt von »Tyvek World 2« 2008.

CHRISTIANE FESER
WWW.CHRISTIANEFESER.DE

Die in Würzburg geborene Künstlerin
Christiane Feser (*1977) studierte
Visuelle Kommunikation an der Hochschule
für Gestaltung in Offenbach.
Von 2000 bis 2003 war sie kuratierende
Mitarbeiterin am Forschungsprojekt
»Digitalcraft« des Museums für Angewandte
Kunst in Frankfurt am Main.
Sie arbeitet vorwiegend mit digitalen
Fotocollagen.

OLIVER FRITZ &
TOM PAWLOFSKY
WWW.HOCHSCHULE.LI
WWW.PAWLOFSKY.DE
WWW.ADAPTIVEARCHITEKTUR.COM

Oliver Fritz (*1967) studierte Architektur an der Universität Kaiserslautern.
Er war dort wissenschaftlicher Mitarbeiter an einem Projekt zum Thema medien-
experimentelles Design in Architektur und
Städtebau sowie Assistent am Lehrstuhl
für CAAD an der ETH Zürich. Seit 2004 hat
er eine Assistenzprofessur für Architektur und digitale Medien an der Hochschule
Liechtenstein.
Tom Pawlofsky (*1976) ist gelernter Schreiner und studierte Produktdesign an der
HfG Karlsruhe. Er unterrichtet seit 2002
am Lehrstuhl für CAAD an der ETH Zürich
und an der HfG Karlsruhe, außerdem ist
er wissenschaftlicher Mitarbeiter an der
Hochschule in Liechtenstein.

NAOTO FUKASAWA
WWW.NAOTOFUKASAWA.COM

Der japanische Industriedesigner Naoto
Fukasawa (*1956) studierte an der Universität für Kunst in Tama und leitete
das Büro von IDEO in Tokio, bevor er 2003
sein eigenes Studio gründete. Fukasawa
ist Professor an der Musashino-Universität
und Gastprofessor an der Universität für
Kunst in Tama. Zu seinen weltweit bekann-
ten Arbeiten zählen der CD-Spieler für
Muji, welcher in die permanente Sammlung
des MoMA aufgenommen wurde, sowie die
Haushaltsgeräte für ±0. Seine Entwürfe
werden heute von so namhaften Firmen
wie B&B Italia, Driade, Magis, Artemide,
Danese und Boffi hergestellt, außerdem
arbeitet er als Art Director für die
japanische Kaufhauskette Muji.

YING GAO
WWW.EXERCICESDESTYLE.COM

Die in Peking geborene Ying Gao (*1973)
hat in Genf und Quebec Modedesign
studiert. Sie betrachtet Kleidung als
Interface zwischen dem menschlichen
Körper und dessen physischem und sozia-
lem Umfeld. Um mit den stereotypen und
einheitlichen Formen moderner Kleidung
zu brechen, experimentiert sie mit
neuen Materialien und Technologien. Sie
ist als Professorin an der Université
de Québec im kanadischen Montréal tätig.

FRANK GEHRY
WWW.FOGA.COM

Der in Kanada als Ephraim Owen Goldberg
geborene Frank Gehry (*1929) studierte
Architektur an der University of Southern
California und Städteplanung an der
Graduate School of Design, Harvard. Bereits
1962 gründete er sein eigenes Architekturbüro in Los Angeles. Seine eigenwilligen
Gebäudekonstruktionen wurden unter anderem
1989 mit dem renommierten Pritzker-Preis
für Architektur ausgezeichnet. Zu seinen
bekanntesten Architekturprojekten gehören
das California Aerospace Museum in
Los Angeles, das Vitra Design Museum in
Weil am Rhein, das Guggenheim Museum
in Bilbao sowie auch sein eigenes Wohn-
haus in Santa Monica.

KONSTANTIN GRCIC
WWW.KONSTANTIN-GRCIC.COM

Der international renommierte Designer
Konstantin Grcic wurde 1965 in München
geboren, wo er seit 1991 sein eigenes
Designstudio betreibt. Seine Lehr- und
Studienjahre verbrachte er in Großbritannien. Er studierte am Royal College
of Art in London und arbeitete ein Jahr
als Assistent des britischen Designers
Jasper Morrison. Meilensteine seiner Arbeit
stellen die beiden Stühle Chair One (2004)
und Myto (2008) sowie die Leuchte Mayday
(1999) dar.

OSANG GWON
WWW.OSANG.NET

Der koreanische Künstler Osang Gwon wurde
1974 in Seoul geboren, wo er noch heute
lebt. Er studierte Bildhauerei an der
Hongik University in Seoul. Gwon gehört zu
den bedeutendsten koreanischen Künstlern
der Gegenwart. Die Arario-Galerie in Cheo-
nan, Korea, die Andrew-Shire-Galerie in
Los Angeles, die Union-Galerie in London,
die Arario-Galerie in Peking sowie die
Manchester Art Gallery widmeten Osang Gwon
Ausstellungen. Daneben waren seine Arbeiten unter anderem im Seoul Arts Center in
Korea, im Fotografiemuseum Amsterdam sowie
auf der Art Cologne zu sehen.

HAPTIC –
AWAKENING THE SENSES
WWW.TAKEO.CO.JP/
WWW.NDC.CO.JP/HARA/

Die Ausstellung »HAPTIC« fand 2004 im
Rahmen der Takeo Paper Show in Tokio statt.
Sie wurde vom japanischen Grafikdesigner
Kenya Hara (*1958) in Zusammenarbeit mit
der Takeo Paper Company organisiert.
Die Ausstellung mit dem Untertitel
»Awakening The Senses« zeigte praktische
Alltagsobjekte aus Papier, die in erster
Linie den Tastsinn ansprechen. Sie wurden
von renommierten Designern verschiedener
Disziplinen gestaltet. Die überraschend
vielseitigen Exponate zeigen das enorme
Potenzial des Materials Papier auf.

SAM HECHT
WWW.INDUSTRIALFACILITY.CO.UK

Der in London geborene Sam Hecht (*1969)
studierte Industriedesign am Royal College
of Art in London. Danach arbeitete er in
unterschiedlichen Designbüros in Japan und
den USA, schließlich holte ihn IDEO als
Leiter der Industriedesignabteilung nach
London. Zusammen mit Kim Colin gründete
er 2002 Industrial Facility. Zu den Kunden
seines Studios gehören Whirlpool, Magis,
Epson, Muji, Lexon, Established & Sons und
Droog Design. Außerdem sind die Arbeiten
der beiden Gestalter Teil der permanenten
Sammlung des MoMA in New York sowie des
Centre Pompidou in Paris.

KEIKO HIRANO
WWW.CDLAB.JP

Die Japanerin Keiko Hirano (*1959) gründete 1977 Hirano Studio Inc., ein Büro
für Kommunikationsdesign in Tokio. Seit
2005 führt sie gemeinsam mit Aoshi Kudo
das Communication Design Laboratory,
kurz CDL. Zu ihren preisgekrönten Arbeiten
gehört das visuelle Erscheinungsbild des
National Museum of Art in Tokio und der
Markenauftritt von »qiora« für Shiseido.
Keiko Hirano wurde mit zahlreichen Preisen ausgezeichnet, wie dem Mainich Design
Award, dem iF Design Award, dem Tokyo
ADC Award und dem New York ADC Gold Prize.

KENGO KUMA
WWW.KKAA.CO.JP

Der in Yokohama geborene Architekt Kengo
Kuma (*1954) studierte an der Universität
von Tokio und an der Columbia University
in New York. Seit 1999 führt er ein
eigenes Architekturstudio in Tokio. Neben
seiner praktischen Tätigkeit ist er seit
2001 als Professor an der Keio University of Tokyo tätig. Kengo Kuma wurde mit
bedeutenden Auszeichnungen wie dem AIJ-
Preis, dem DuPont Benedictus Award sowie
dem Spirit of Nature Wood Architecture
Award geehrt.

JASPER MORRISON
WWW.JASPERMORRISON.COM

Jasper Morrison (*1959) studierte Design
an der Kingston Polytechnic Design School,
am Royal College of Art in London sowie
an der Hochschule der Künste in Berlin.
1986 eröffnete er sein Designbüro in London,
dem im Jahr 2000 eine weitere Niederlassung
in Paris folgte. Die Produkte von Jasper
Morrison Ltd. entstehen für renommierte
Firmen wie Alias, Canon, Cappellini, Flos,
Magis, Muji, Rosenthal, Rowenta, Samsung,
Sony und Vitra.

YASUHIRO SUZUKI
WWW.MABATAKI.COM

Der 1979 in Shizuoka, Japan geborene
Yasuhiro Suzuki studierte Design an der
Tokyo Zokei University. Seit 2002 arbeitet
er am Zentrum für Forschung und Technologieentwicklung der University of Tokyo.
Seine zwischen Kunst und Design angesie-
delten Arbeiten sind mit zahlreichen Preisen ausgezeichnet worden, darunter mit
dem Digista Award, dem Philip Morris Art
Award sowie dem Grand Prix der Tokyo
Designer's Week.

SHUNJI YAMANAKA
WWW.LLEEDD.COM

Shunji Yamanaka (*1957) studierte Maschi-
nenbau an der University of Tokyo und
war danach als Designer bei Nissan ange-
stellt. 1987 machte er sich als Industriedesigner selbstständig und gründete
1994 Leading Edge Design. Yamanaka unter-
richtete an der Technischen Fakultät
der University of Tokyo und ist ebenfalls
in Tokio seit 2008 als Professor an der
Keio University tätig.
Shunji Yamanaka entwirft für namhafte
Firmen wie Nissan, Panasonic, Olympus und
Issey Miyake ganz unterschiedliche Produkte, von Fahrzeugen, Kameras, Armband-
uhren und elektronischen Geräten bis hin
zu humanoiden Robotern.

KIRSTEN HASSENFELD

Die in Arizona geborene Kirsten Hassenfeld
(*1971) studierte bildende Kunst an der
Rhode Island School of Design sowie an der
Skowhegan School of Painting and Sculpture
in Maine. Ihre Ausbildung schloss sie mit
einem Master an der University of Arizona
in Tucson ab. Heute lebt und arbeitet
sie in Brooklyn, New York. Einzelausstellungen von Kirsten Hassenfelds Arbeiten
zeigte die Hudson D. Walker Gallery in
Provincetown, die Bellwether Gallery in
New York, die Rice Gallery in Texas sowie
die Smack Mellon Gallery in Brooklyn.

ANNIKA VON HAUSSWOLFF

Die 1967 in Göteborg geborene Künstlerin
Annika von Hausswolff lebt und arbeitet
in Stockholm. Sie studierte an der Sven-
Winquist-Schule für Fotografie in Göteborg,
an der Konstfack in Stockholm sowie
an der Royal Academy of Art, ebenfalls
in Stockholm.
Ihre fotografischen Arbeiten waren unter
anderem im House of Photography in Göteborg, im Guggenheim Museum in New York, im
Fotomuseum in Winterthur, in der Bonniers
Konsthall in Stockholm, im Nordic Pavil-
ion der Biennale in Venedig sowie in der
Galerie Casey Kaplan in New York zu sehen.

JAN VAN HOOF
WWW.JVANHOOF.COM

Der in Tilburg geborene Jan van Hoof (*1981)
studierte Industriedesign an der Technischen Universität in Delft, gefolgt von
einem Masterstudium in »Man and Living«
sowie »Man and Public Space« an der Design
Academy in Eindhoven, welches er 2008
abschloss. Derzeit absolviert Jan van Hoof
einen Masterstudiengang an der Architektur-
akademie in Rotterdam.

RICHARD HUTTEN
WWW.RICHARDHUTTEN.COM

Der in Holland geborene Richard Hutten
(*1967) studierte Industriedesign an
der Design Academy Eindhoven. Nach dem
Abschluss seines Studiums 1991 gründete
er ein eigenes Designbüro in Eindhoven,
welches er später nach Rotterdam ver-
legte. Richard Hutten, der zur ersten
Generation des erfolgreichen nieder-
ländischen Designkollektivs Droog Design
zählt, ist Dozent an unterschiedlichen
Designschulen wie etwa der Design Academy
Eindhoven, der ECAL Lausanne, der University of Helsinki, der University of
Reykjavik und dem Royal College of Art in
London. Zu seinen Kunden im Bereich Indus-
trie- und Möbeldesign gehören Lensvelt
Office Furniture, Unilever, Royal VKB, TNT
Royal Dutch Post, KPN Royal Dutch Telecom,
Moooi, Muji, Christofle und Karl Lagerfeld.

CHARLES KAISIN
WWW.CHARLESKAISIN.COM

Der Belgier Charles Kaisin (*1972) studierte am Royal College of Art in London
und arbeitete für den international
renommierten Designer Ron Arad. Heute
hat er sein eigenes Studio in Brüssel
und unterrichtet dort an der École
Supérieure des Arts Saint-Luc. Zentrale
Themen seiner Arbeit sind Recycling
und die Wiederverwertung von Alltagsmaterialien.

MARTTI KALLIALA &
ESA RUSKEEPÄÄ
WWW.ESARUSKEEPAA.COM

Der finnische Architekt Martti Kalliala
(*1980) arbeitete in Rem Koolhaas' Office
for Metropolitan Architecture in Rotterdam und ist seit 2006 für das Now Office
in Helsinki tätig. Kalliala hat zahlreiche
Architekturwettbewerbe gewonnen und war
2005 gemeinsam mit Esa Ruskeepää für den
schwedischen Forum-Preis nominiert.
Esa Ruskeepää (*1980) studierte Architektur an der Technischen Hochschule in
Helsinki. Er arbeitete im Office for Metropolitan Architecture in den USA und bei
Peter Zumthor in der Schweiz. Heute ist
er selbstständiger Architekt in Finnland
und unterrichtet an der Technischen
Hochschule in Helsinki. Er erhielt ein
Stipendium der finnischen Kunstkommission
für 2009.

ANDREAS KOCKS
WWW.ANDREASKOCKS.COM

Der deutsche Künstler Andreas Kocks (*1960)
studierte sowohl an der Universität als
auch an der Kunstakademie in Düsseldorf
und lebt heute in München und New York.
2006 erhielt er ein Stipendium der Pollock-
Krasner Foundation in New York. Seine
Arbeiten waren unter anderem im Haus der
Kunst in München, in der Galerie Jeannie
Freilich Contemporary in New York und
im Museum of Arts and Design in New York
zu sehen.

KYOUEI DESIGN
WWW.KYOUEI-LTD.CO.JP

Der in Japan geborene Designer Kouichi
Okamoto (*1970) gründete 2006 das Büro
Kyouei Design in Shizuoka. Er nahm
2007 an der Ausstellung »handle with care«
von Designboom und Designersblock und
an der Gwangju Design Biennale in Korea
teil, außerdem beteiligte er sich am
Designboom Mart in Tokio und in Stockholm.
Das Kunstmuseum der Präfektur Shizuoka
widmete Kouichi Okamoto 2008 eine Einzelausstellung.

ROBERT J. LANG
WWW.LANGORIGAMI.COM

Der in Ohio geborene Origami-Meister
Robert J. Lang (*1961) beschäftigt sich
seit dreißig Jahren mit der japanischen
Papierfaltkunst. Der erfolgreiche
Physiker und Ingenieur war an achtzig
technischen Publikationen und vierzig
Patenten für Halbleiterlaser, angewandte
Optik und integrierte Optoelektronik
beteiligt.
Heute ist er vorwiegend als Origami-
Künstler tätig. Seine komplexen Faltstrukturen werden auch für technische Lösungen
angewandt, von Airbags bis hin zu faltbaren Teleskoplinsen. Seine Arbeiten waren
unter anderem im Louvre in Paris, im MoMA
in New York sowie im Nippon Museum of
Origami in Kaga zu sehen.

TOMÁŠ GABZDIL LIBERTINY
WWW.STUDIOLIBERTINY.COM

Der in der Slowakei geborene Tomáš Gabzdil
Libertiny (*1979) absolvierte einen Bache-
lor in Produktdesign an der Akademie für
Kunst und Design in Bratislava und einen
Master an der Design Academy Eindhoven.
Er arbeitete für Maarten Baas, Demakersvan
und Joris Laarman, bevor er 2007 das
Studio Libertiny gründete. Seine Arbei-
ten waren unter anderem auf der Design
Miami Basel, im Designhuis Eindhoven, bei
»Design and The Elastic Mind« im MoMA in
New York und im Victoria & Albert Museum
in London zu sehen.

CJ LIM /
STUDIO 8 ARCHITECTS
WWW.CJLIM-STUDIO8.COM

CJ Lim (*1957) gründete 1994 das Studio
8 Architects in London. Die Arbeiten
des interdisziplinären Architekturbüros
bewegen sich zwischen Architektur, Landschaftsarchitektur und Städteplanung.
Darüber hinaus gestaltet Lim auch spektakuläre Collagen, welche er »gebaute
kulturelle Assemblagen« nennt. Seine
berühmteste Assemblage »Virtually Venice«
war auf der Architektur-Biennale in
Venedig 2004 im britischen Pavillon zu
sehen. Außerdem ist er Professor für
Architektur und kulturelles Design am
Bartlett-University College in London.
2006 gewann er den Grand Architecture
Prize der Royal Academy of Arts in London.
Zu den Kunden des Studio 8 Architects
zählen das Victoria & Albert Museum
London, der British Council, der Arts
Council England, der RIBA Trust, die
Aga-Khan-Stiftung, die staatlichen
Planungsbüros von ShanXi, Shenzhen,
Sichuan und Tangshan in China sowie die
Korea Land Corporation.

MAISON MARTIN MARGIELA
WWW.MAISONMARTINMARGIELA.COM

Der belgische Modedesigner Martin Margiela
(*1957) studierte Modedesign an der
Royal Academy of Fine Arts in Antwerpen
und war Assistent bei Jean Paul Gaultier.
1988 gründete er gemeinsam mit Jenny
Meirens die Maison Martin Margiela in
Paris. Die Kollektionen des Maison Martin
Margiela gehören zur permanenten Samm-
lung von namhaften Museen, wie etwa dem
Musée de la Mode et du Textile in Paris,
Metropolitan Museum of Art in New York,
Victoria & Albert Museum in London, Museum
Boijmans van Beuningen in Rotterdam,
Flanders Fashion Institute in Antwerpen
und dem Kyoto Fashion Institute in Japan.
Anfang 2009 ehrte das Münchner Haus
der Kunst das Modelabel mit einer Retro-
spektive zum zwanzigjährigen Bestehen.

MARCH STUDIO
WWW.MARCHSTUDIO.COM.AU

Das australische Architektur- und Designbüro March Studio in Melbourne wurde von
der Französin Anne-Laure Cavigneaux (*1980)
und dem Australier Rodney Eggleston (*1981)
gegründet.

MIEKE MEIJER
WWW.MIEKEDINGEN.NL

Mieke Meijer (*1982) studierte an der
Design Academy in Eindhoven. Seit 2006
arbeitet sie selbstständig unter dem
Label Mieke Dingen sowie im Designkollektiv
Vij5 gemeinsam mit Anieke Branderhorst
und Arjan van Raadshoven. Ihre Arbeiten
waren unter anderem an der Woonbeurs in
Amsterdam 2004, auf der Dutch Design Week
in Eindhoven 2007 und beim Designhuis in
Eindhoven 2008 zu sehen.

MIYAKE DESIGN STUDIO
WWW.ISSEYMIYAKE.CO.JP

Der in Hiroshima geborene Modedesigner
Issey Miyake (*1938) studierte ursprünglich
Grafikdesign und verließ Japan 1964, um
in Paris und New York zu arbeiten. 1970
gründete er das Miyake Design Studio und
präsentierte 1973 seine erste Kollektion
in Paris. Heute zählt Issey Miyake, der
sich mittlerweile aus dem Modegeschäft
zurückgezogen hat, zu den renommiertesten
Modedesignern der Welt. Seit 2007 gestaltet Dai Fujiwara die Mode des Labels
Issey Miyake.

MIYAKE DESIGN STUDIO &
MARCUS TOMLINSON
WWW.MARCUSTOMLINSON.CO.UK

Der britische Fotograf Marcus Tomlinson
(*1961) machte sich Mitte der Neunzigerjahre mit Aufnahmen für Modemagazine
wie i-D, Arena, The Face und Vogue einen
Namen. Für Hussein Chalayans Kollektionen
»Echoform« und »Afterwords« gestaltete
Tomlinson multimediale Präsentationen,
die weltweit für Aufsehen sorgten und in
namhaften Museen wie der Londoner Tate
Modern und dem Museum of Contemporary Art
in Los Angeles gezeigt wurden.

MOLO DESIGN
WWW.MOLODESIGN.COM

Gemeinsam mit dem Manager Robert Pasut
gründete das Architektenduo Stephanie
Forsythe (*1970) und Todd MacAllen (*1966)
2003 das Label molo design, das nicht nur
Produkte gestaltet, sondern auch herstellt
und vertreibt. Die Trennwand »paper
softwall« und die Sitzmöbel »softseating«
von molo design wurden in die permanente
Sammlung des MoMA in New York aufgenommen.

KOSTAS MURKUDIS &
CARSTEN NICOLAI
WWW.KOSTASMURKUDIS.NET
WWW.CARSTENNICOLAI.COM

Der griechischstämmige Kostas Murkudis
wurde 1959 in Dresden geboren. Murkudis
studierte zwei Jahre Chemie an der
Universität Berlin, bevor er an den Fachbereich Mode der Berufsfachschule für
Design des Lette-Vereins wechselte. Nach
seinem Abschluss arbeitete er für Wolfgang
Joop. 1994 gewann er den Philip-Morris-
Design-Award und gründete sein eigenes
Label. Heute lebt und arbeitet er in Berlin. Neben seinen eigenen Kollektionen
arbeitete er für namhafte Firmen wie Nokia
und Adidas.
Der 1965 in Karl-Marx-Stadt (heute: Chem-
nitz) geborene Künstler Carsten Nicolai
arbeitete zunächst als Gärtner, bis er 1985
ein Studium der Landschaftsarchitektur in
Dresden begann. Heute lebt und arbeitet
er in Berlin. Er gehört zu einer Künstler-
generation, die sich intensiv mit dem
Grenzgebiet zwischen Kunst und Wissenschaft
beschäftigt. Nicolais Arbeiten waren 2005
in Form von Einzelausstellungen in der
Schirn Kunsthalle in Frankfurt sowie in der
Neuen Nationalgalerie in Berlin zu sehen.

RYUJI NAKAMURA
WWW.RYUJINAKAMURA.COM

Der 1972 in Nagano geborene Ryuji Nakamura
studierte Architektur an der Kunsthoch-
schule Tokio und arbeitete von 2000 bis
2003 bei Jun Aoki & Associates, um im Jahr
2004 mit Ryuji Nakamura Architects sein
eigenes Studio zu gründen. Er erhielt
verschiedene Auszeichnungen, darunter den
Good Design Award 2006, The Great Indoors
Award 2007 und den Design Premio der Tokyo
Designer's Week 2007.

JUM NAKAO
WWW.JUMNAKAO.COM.BR

Der brasilianische Modedesigner Jum Nakao
(*1966) studierte bildende Kunst sowie
Mode- und Kostümgeschichte in São Paolo.
Heute führt er sein eigenes Atelier in
São Paolo, daneben ist er Kreativdirektor
des brasilianischen Kunst- und Modeinsti-
tuts. 2004 gestaltete er eine Kollektion
für Nike, die von den Partys im Copacabana
Palace in Rio inspiriert war. Seine Arbeiten waren unter anderem auf Modeschauen
in den Galeries Lafayette, im Musée de la
Mode in Paris und auch im Oscar-Niemeyer-
Museum zu sehen.

NENDO
WWW.NENDO.JP

Der in Kanada geborene Oki Sato (*1977),
der sich Nendo nennt, studierte Architektur an der Waseda University in Tokio.
2002 gründete er sein interdisziplinäres
Büro für Architektur, Innenarchitektur,
Möbel-, Industrie- und Grafikdesign. Drei
Jahre später etablierte er ein zwei-
tes Büro in Mailand. Europäische Möbelhersteller wie Cappellini, DePadova,
Swedese und Oluce produzieren Objekte von
nendo. Der »cabbage chair« ist in den
permanenten Sammlungen des MoMA New York,
des Pariser Musée des Arts Décoratifs
und des Museum of Art and Design in New
York vertreten.

NICOLA FROM BERN
WWW.NICOLAFROMBERN.COM

Nicola Enrico Stäubli (*1978) studierte
Architektur an der ETH in Zürich. Seit
2005 arbeitet er als selbstständiger
Architekt und Designer unter dem Namen
Nicola from Bern. Darüber hinaus ist er
Mitbegründer der Milieu Galerie in Bern.

JENS PRAET
WWW.JENSPRAET.COM

Der in Belgien geborene Jens Praet (*1984)
studierte zunächst Architektur und Fremd-
sprachen, bevor er sein Industrie- und
Kommunikationsdesign-Studium am ISIA in
Florenz abschloss, danach absolvierte
er schließlich ein Masterstudium an der
Design Academy Eindhoven. Heute führt er
ein eigenes Designstudio in Florenz.

PRIESTMAN GOODE
WWW.PRIESTMANGOODE.COM

Priestman Goode, eine in London ansässige
Designagentur, wurde 1986 von Paul
Priestman gegründet. 1989 kam Nigel Goode
als Partner von Paul Priestman dazu.
Heute ist Priestman Goode eine der größten
Designagenturen Englands. Zum Kundenstamm
zählen Airbus, Coca-Cola, Disney, Fisher
Price, Lufthansa, Marks & Spencer, Orange
sowie Procter & Gamble.

HEATHER RASMUSSEN
WWW.HEATHERRASMUSSEN.COM

Heather Rasmussen (*1982) studierte an der
University of California in Irvine. Sie
beschäftigte sich mit Tanz und Malerei,
bevor sie sich auf die Fotografie konzen-
trierte. Am California Institute of the
Arts in Valencia (Los Angeles County)
absolvierte sie 2007 ein Masterstudium
in Fotografie und Medien. Sie lebt und
arbeitet in Los Angeles. Ihre Arbeiten
waren in verschiedenen Galerien zu sehen,
so in der Gallery 825 in Los Angeles,
in der Lime Gallery in Valencia, in
der D300 Gallery in Valencia sowie bei
915 Mateo in Los Angeles.

RAW-EDGES
WWW.RAW-EDGES.COM

Die beiden aus Tel Aviv stammenden Gestalter Yael Mer (*1976) und Shay Alkalay (*1976) leben heute in London und führen dort gemeinsam das Raw-Edges Design Studio. Yael Mer studierte an der Akademie der Künste in Stuttgart und an der Kunst- und Designakademie Bezalel in Jerusalem. Shay Alkalay studierte am Politecnico in Mailand und ebenfalls an der Bezalel Kunst- und Designakademie in Jerusalem. 2006 absolvierten sie gemeinsam den Masterstudiengang am Royal College of Art bei Ron Arad. Ihre Arbeiten waren bei Johnson Trading in New York, in der FAT Galerie in Paris sowie in der Aram Gallery in London zu sehen. Einige ihrer Arbeiten gehören zur Sammlung des Design Museum London und werden von Established & Sons und Arco produziert.

TOBIAS REHBERGER

Der deutsche Künstler Tobias Rehberger (*1966) studierte bei Thomas Bayrle und Martin Kippenberger an der Städelschule in Frankfurt am Main.
Die Beschäftigung mit Funktionalität und Gestaltungsprozessen, wie sie aus Design, Architektur und Medien bekannt sind, zeichnet die Arbeit des international renommierten Bildhauers Tobias Rehberger aus. Seine Arbeiten waren unter anderem auf der Biennale in Berlin, in der Schirn Kunsthalle in Frankfurt am Main, im Palais de Tokyo in Paris, in der Galerie neugerriemschneider in Berlin, in der Whitechapel Gallery in London sowie im Stedelijk Museum in Amsterdam und dem Museum Ludwig in Köln zu sehen.

RON RESCH
WWW.RONRESCH.COM

Der amerikanische Künstler Ronald Resch (1939–2009) studierte an der Universität von Iowa. Der Pionier im Bereich Computerkunst war Assistenzprofessor für Architektur und Computerwissenschaften an der University of Illinois, Dozent für Informatikrecherche an der University of Utah sowie Direktor des Computergrafik-Centers an der Boston University. Daneben hielt er Vorlesungen an zahlreichen anderen Hochschulen und Universitäten.
1979 beauftragte ihn Paramount Pictures, für »Star Trek: The Motion Picture« bewegliche Faltmodule für das Raumschiff Epsilon IX zu entwickeln. Resch war auch als Berater für zahlreiche Firmen tätig, darunter Evans & Sutherland sowie Meta Software.

RO&AD ARCHITECTEN
WWW.RO-AD.ORG

Ro Koster (*1963) absolvierte eine Ausbildung als Schreiner und Bauzeichner, bevor er sein Architekturstudium an der Hochschule der Künste in Utrecht abschloss. Ad Kil (*1965) studierte an der Universität in Delft zunächst Werkzeugbau und wechselte dann zur Architektur.
Die Zusammenarbeit der beiden begann 2002, drei Jahre später gründeten sie RO&AD Architecten und gestalten heute als Innenarchitekten Büroräume, Wohnhäuser oder Restaurants.

MARINE ROUIT

Die in Paris geborene Marine Rouit (*1982) studierte Produktdesign an Les Ateliers-ENSCI in Paris. Während ihres Studiums verbrachte sie fünf Monate in Tokio. 2008 schloss sie ihre Ausbildung mit der Diplomarbeit »Sensitive Paper« ab, mit der sie kurz darauf für die Audi Talents Awards 2008 nominiert wurde. Heute arbeitet sie im Labor für Recherche & Entwicklung der Firma 3M.

ADRIENNE SACK

Die Origami-Künstlerin Adrienne Sack (*1983) entdeckte als Siebenjährige ein Origami-Buch im Bücherregal ihrer Mutter und ist seither begeistert von der japanischen Faltkunst. Nach einem Vordiplom in Psychologie und Latein an der Universität von Texas studiert sie heute Modedesign in Houston mit dem Ziel, ihre Leidenschaft für Origami, Geometrie und Mode zu vereinen.

INGA SEMPÉ
WWW.INGASEMPE.FR

Die in Paris geborene Inga Sempé (*1968) schloss 1993 ihr Produktdesignstudium an der Hochschule Les Ateliers-ENSCI in Paris ab. Sie arbeitete in einigen Designbüros, bevor sie sich im Jahr 2000 selbstständig machte. Heute lebt und arbeitet sie in Paris. Ihre Arbeiten entstehen für namhafte Firmen wie Luceplan, Cappellini, Edra, Ligne Roset, Artecnica, Domestic, David Design, Almedahls und Baccarat.

CYGALLE SHAPIRO
WWW.CYGALLE.COM

Die Produktdesignerin Cygalle Shapiro (*1976) absolvierte zunächst ein Bachelor-Studium in Soziologie und Anthropologie, um anschließend Design an der Design Academy in Eindhoven zu studieren. Inspiriert von Produktionstechniken, Materialien und dem sozialen Kontext von Produkten entstehen ihre konzeptionellen Arbeiten.

SOUNDS OF SILENCE
WWW.SOUNDSOFSILENCE.DE

2005 gründeten die Architektin Petra Eichler und die Künstlerin Susanne Kessler Sounds of Silence in Frankfurt. Petra Eichler (*1971) studierte Architektur an der Universität Kassel. Susanne Kessler (*1973) studierte darstellende Künste und Literatur in Frankfurt und Paris und schloss ihr Studium mit einem Diplom in experimenteller Kunst an der Hochschule für Gestaltung in Offenbach ab. Sounds of Silence schaffen erlebbare Rauminstallationen und Objekte. Bekannt wurde das Duo mit großformatigen Scherenschnittarbeiten für Droog Design und Van Cleef & Arpels. Sie gewannen 2007 den iF Communication Design Award.

MARIO STADELMANN
WWW.SANKTADELMANN.CH

Der 1981 in Biel geborene Mario Stadelmann schloss 2008 seine Studien mit einem Master in Design am Royal College of Art in London ab. Davor studierte er Betriebsökonomie an der Universität von St. Gallen und absolvierte Praktika bei Hans-Jörg Ruch Architekten in St. Moritz sowie bei der Werbeagentur Jung von Matt in Zürich.

DIANE STEVERLYNCK
WWW.DIANESTEVERLYNCK.BE

Diane Steverlynck wurde 1976 in Belgien geboren. Sie studierte zunächst bildende Kunst und anschließend Textildesign an der La Cambre, der Nationalen Hochschule der bildenden Künste in Brüssel. 2003 eröffnete sie ihr eigenes Atelier in Brüssel.

TOMMY STØCKEL
WWW.TOMMYSTOCKEL.NET

Der dänische Künstler Tommy Støckel (*1972) studierte an der königlichen dänischen Kunstakademie in Kopenhagen. Heute lebt und arbeitet er in Berlin.
Seine Arbeiten wurden unter anderem im Frankfurter Kunstverein, bei Helene Nyborg Contemporary in Kopenhagen, im Heidelberger Kunstverein, in den Nordischen Botschaften in Berlin, bei Arnolfini in Bristol und in der Rena Bransten Gallery in San Francisco ausgestellt.

SHINJI SUZUKI & TAKUO TODA
WWW.ORIPLANE.COM

An der University of Tokyo arbeitet ein Team von Fachleuten für Luft- und Raumfahrt um Professor Shinji Suzuki an einem Raumgleiter aus Papier. Hierfür kooperieren sie mit einem ungewöhnlichen Projektpartner, dem japanischen Verband für Origami-Papierflugzeuge JOPA und seinem Präsidenten Takuo Toda (*1956). Toda ist hauptberuflich Chef einer Werkzeugmaschinenfirma, doch seine große Leidenschaft gilt Origami-Papierflugzeugen.

RICHARD SWEENEY
WWW.RICHARDSWEENEY.CO.UK

Der Brite Richard Sweeney (*1984) besuchte
den Vorkurs an der Batley School of Art
and Design und studierte dreidimensionale
Gestaltung an der Manchester Metropolitan
University.
Seine Papierobjekte bewegen sich im Grenzbereich zwischen Kunsthandwerk, Design
und Bildhauerei. Sie waren bereits in
der Old Truman Brewery in London, der
Design Biennale Saint-Étienne sowie im
Design Museum in London zu sehen.

TT:NT
WWW.TITHI.INFO
WWW.NUTREJEWELLER.COM

Hinter TT:NT stehen die beiden Thailänderinnen Tithi Kutchamuch (*1981) und Nutre
Arayavanish (*1981). Tithi Kutchamuch
studierte Architektur und Industriedesign
am King Mongkut's Institute of Technology
in Bangkok und absolvierte daraufhin
ein Masterstudium in Produktdesign am
Royal College of Art in London. Nutre
Arayavanish studierte Schmuckgestaltung
an der Silpakorn-Universität in Bangkok
und schloss ihre Ausbildung mit einem
Master in Schmuckgestaltung, ebenfalls
am Royal College of Art in London, ab.

ROB VOERMAN
WWW.ROBVOERMAN.NL

Der niederländische Künstler Rob Voerman
(*1966) studierte zunächst Landschafts-
und Gartenarchitektur an der Universität
Wageningen, danach setzte er seine Ausbildung an der Constantijn Huygens Akademie in Kampen fort. Das UCLA Hammer
Museum in Los Angeles, die Rhodes + Mann
Gallery in London, die Upstream Gallery
in Amsterdam sowie das MoMA in New York
zeigten Kunstwerke von Rob Voerman. Auf
der Art Brüssel 2008 waren seine Arbeiten
in einer Einzelausstellung zu sehen.

WORK AC
WWW.WORK.AC

Die WORK Architecture Company, kurz WORKac,
wurde 2002 von Amale Andraos und Dan Wood
in New York gegründet. Die Firma hat
bereits mehr als hundert Projekte realisiert, von Eigentumswohnungen in Panama
bis hin zu Städteplanungen in Las Vegas.
Parallel dazu unterrichten Andraos und
Wood an der Princeton University.
WORKac wurde mit zahlreichen Preisen ausgezeichnet, erhielt zweimal den Designpreis
des American Institute of Architects,
war für die Architectural League's »Emerging
Voices« nominiert, und zeigte 2007 das
Städtebauprojekt für die Innenstadt von
Beirut auf der Architektur-Biennale in
Rotterdam.

TOKUJIN YOSHIOKA
WWW.TOKUJIN.COM

Der japanische Designer Tokujin Yoshioka
(*1967) arbeitete bei Shiro Kuramata und
Issey Miyake, bevor er 2000 sein eigenes Büro eröffnete. Er entwarf für renommierte Firmen wie Hermès, Swarovski und
Moroso. Tokujin Yoshioka erhielt 2007 die
Auszeichnung »Designer of the Year« der
Design Miami und zählt laut der japanischen »Newsweek« zu den »hundert weltweit
anerkannten Japanern«. Seine Arbeiten
befinden sich in den permanenten Sammlungen bedeutender Museen wie dem MoMA in
New York, dem Centre Georges Pompidou in
Paris, dem Victoria & Albert Museum in
London und dem Vitra Design Museum in Weil
am Rhein.

MICHAEL YOUNG
WWW.MICHAEL-YOUNG.COM

Michael Young (*1966) studierte Industrie-
design an der Kingston University in
London. Seine frühen Entwürfe erwarb das
Centre Pompidou in Paris bereits 1992.
Im Jahr 1995 gründete er sein eigenes
Designbüro MY-022 Ltd. in London, wo seine
Entwürfe für Cappellini, Magis, Galerie
Kreo, Danese, Artemide, Rosenthal und
Swedese entstanden. Heute arbeitet Young
in Hongkong, um einen sehr viel direkteren
Zugang zu den Fabriken Chinas zu erhalten.

ÜBER DIE AUTORINNEN

PETRA SCHMIDT ist freie Autorin und Beraterin in Frankfurt am Main. Sie lehrt Design-Theorie an der Hochschule für Gestaltung in Karlsruhe und schreibt für Kunst- und Design-Magazine wie »art« und »Frame«. Nach ihrem Studium der Theater-, Film- und Medienwissenschaft in Frankfurt arbeitete sie für diverse Designunternehmen und war von 1999 bis 2007 Chefredakteurin der Design-Zeitschrift »form«. Sie ist Mitherausgeberin der Bücher »Patterns« und »Patterns 2«, die 2005 und 2008 im Birkhäuser Verlag erschienen.

WWW.SCHMIDT-FOGELBERG.COM

NICOLA STATTMANN ist seit 2002 selbstständige Designerin in Frankfurt. Ihr Büro hat sich auf die Entwicklung von Produkten spezialisiert, bei denen der Einsatz neuer Materialien und Technologien im Vordergrund steht. Nicola Stattmann arbeitet als Autorin für zahlreiche Fachzeitschriften in Design und Architektur und hat die Publikationen »Handbuch Material Technologie« (av Verlag, 2000) und »Ultra Light – Super Strong« (Birkhäuser Verlag, 2003) verfasst. Seit 2001 war sie als Gastprofessorin an verschiedene Universitäten im In- und Ausland tätig, derzeit lehrt sie am Fachbereich Industrial Design der Fachhochschule Nordwestschweiz.

WWW.NICOLASTATTMANN.COM

DANK

Unser besonderer Dank gilt den beteiligten Designern, Künstlern, Architekten und Wissenschaftlern. Außerdem möchten wir uns bei allen Fotografen für die wunderbaren Abbildungen bedanken, ohne die unser Buch nicht denkbar wäre, sowie bei allen Unternehmen, Institutionen und Galerien, die uns bei der Bildredaktion und der Recherche unterstützt haben.

Besonders hervorheben möchten wir die Bemühungen jener Personen, die uns in besonderem Maße bei der Arbeit an »Unfolded« geholfen haben. Dies sind:

HELGE ASZMONEIT Frankfurt am Main
ATOPOS Stamos Fafalios, Vassilis Zidianakis, Athen
KARIANNE FOGELBERG Frankfurt am Main
JOHANNES FUCHS Frankfurt am Main
MAREIKE GAST Frankfurt am Main
BARBARA GLASNER Frankfurt am Main
FRANZISKA HOLZMANN Frankfurt am Main
LUZIA KÄLIN Frankfurt am Main
MESO Max Wolf, Frankfurt am Main
ODINE OSSWALD Basel
ULRIKE RUH Basel
STYLEPARK AG Christian Gärtner, Robert Volhard, Frankfurt am Main
STEFAN WUNDERLICH Frankfurt am Main

Außerdem danken wir unserem Sponsor Sihl GmbH in Düren, der uns mit dem silbernen EnDURO Effect ein außergewöhnlich schönes Cover ermöglicht hat.

Die Autorinnen
Petra Schmidt und Nicola Stattmann

BILDNACHWEIS

PROJEKTE

AMANA CO. LTD. 84-87
JOE AMRHEIN 14
FRANK-MICHAEL ARNDT 154-155
NASH BAKER 23-25
ERICH CONSEMUELLER 11 /1
PANOS DAVIOS 18-19
OSCAR FALK 21
ESTABLISHED & SONS 168
HERMAN FELDHAUS 100-101
ELIZABETH FELICELLA 164-165
HARALD FRANTZ 61
JOHANNES FUCHS 60
WOLFGANG GÜNZEL 32-33
MASAYUKI HAYASHI 124-125
BAS HELBERS 105 /3
HIROYUKI HIRAI 29 /3
ANITA HUISMAN 140
RENÉ VAN DER HULST 105 /2
LAURENT HUMBERT 20
VERONIQUE HUYGHES 141
TANJA KIMME 108
CHRISTOPH KNOCH 99
DOMINIQUE LAFOND 72-73
DAVID LECIÑANA 62-63
FRANS VAN LIESHOUT 128
FERNANDO LOUZA 120-123
MAISON MARTIN MARGIELA 107
YIORGOS MAVROPOULOS 112-113
ANDREW MEREDITH 50
CONSTANTIN MEYER 173 /2-4
AMELIA MOLINA, ROBERT MURPHY,
MICHIO NOGUCHI 11 /4
SHARAD PATEL 142-143
SAMELI RANTANEN 48
ROLAND SCHMIDT 153 /3

SABINE SCHWEIGERT 30-31
DIETER SCHWER 76-79
KARTIKEYA SHODHAN 27
AMANDA DE SIMONE 109
VASILIS SKOPELITIS 49
MAREO SUEMASA 15
MARCUS TOMLINSON 45, 114-115
OTTO UMBEHR 11 /2
MIRO ZAGNOLI 75
ANNETTE DEL ZOPPO 138
ASTRID ZUIDEMA 146-147

MATERIALIEN UND TECHNOLOGIEN

AMANA CO. LTD. #33
ANNEMETTE BECK #41
MARCELO COELHO #38
COMMUNION W LTD. #64 /3
DARTMOUTH COMPUTER SCIENCE DEPARTMENT
(VIDEO STILLS) #74
ERIK DEMAINE UND MARTIN DEMAINE #76
STORA ENSO #03
MICHAEL HAAS, JENNIE HARDENBICKER,
TOM PAWLOFSKY #60 /1
INDUSTRIAL FACILITY #09
LUZIA KÄLIN UND NICOLE LEHNER #65
KAMIHIMO,
UEDA INDUSTRIAL CO., LTD. #44 /2
STEPHANIE KNUST #22
KTH, ROYAL INSTITUTE OF TECHNOLOGY #05
NIIGATA INDUSTRIAL CREATION
ORGANIZATION #18 /2
NUNO CORPORATION #40
OCTATUBE SPACE STRUCTURES BV #69 /2
ONAO CO., LTD. #04
GREETJE VAN TIEM #43
WAYAND AG #58

JOHANNES FUCHS
fotografierte alle weiteren Materialien.

Wir haben uns bemüht, sämtliche Rechteinhaber ausfindig zu machen. Sollte jemand nicht erwähnt sein, so bitten wir diese Person, sich beim Verlag zu melden.

IMPRESSUM

Bibliografische Information der Deutschen Nationalbibliothek.
Die Deutsche Nationalbibliothek verzeichnet diese Publikation in der Deutschen
Nationalbibliografie; detaillierte bibliografische Daten sind im
Internet über http://dnb.ddb.de abrufbar.

Dieses Werk ist urheberrechtlich geschützt. Die dadurch begründeten Rechte, insbesondere die der Übersetzung, des Nachdrucks, des Vortrags, der Entnahme von Abbildungen
und Tabellen, der Funksendung, der Mikroverfilmung oder der Vervielfältigung auf anderen
Wegen und der Speicherung in Datenverarbeitungsanlagen, bleiben, auch bei nur auszugs-
weiser Verwertung, vorbehalten. Eine Vervielfältigung dieses Werkes oder von Teilen
dieses Werkes ist auch im Einzelfall nur in den Grenzen der gesetzlichen Bestimmungen
des Urheberrechtsgesetzes in der jeweils geltenden Fassung zulässig. Sie ist grund-
sätzlich vergütungspflichtig. Zuwiderhandlungen unterliegen den Strafbestimmungen des
Urheberrechts.

Dieses Buch ist auch in englischer Sprache erschienen (ISBN 978-3-0346-0032-3).

2010: erster, korrigierter Nachdruck
© 2009 Birkhäuser GmbH
Basel
Postfach 133, CH-4010 Basel, Schweiz

Redaktion: Luzia Kälin, Mareike Gast

Layout, Covergestaltung und Satz: Pixelgarten, Frankfurt am Main

Reproduktion: Lithotronic Media GmbH, Dreieich

Umschlagpapier: EnDURO Effect M-60 YP silver 65g/m^2, Sihl GmbH, Düren, www.sihlgroup.com

Gedruckt auf säurefreiem Papier, hergestellt aus chlorfrei gebleichtem Zellstoff. TCF ∞
Printed in Germany

ISBN 978-3-0346-0031-6

9 8 7 6 5 4 3 2   www.birkhauser-architecture.com